Altares
Ofrendas, Rituales y
Oraciones a la
SANTA
MUERTE

Incluye Instrucciones DIY
para preparar tus propios altares,
rituales y talismanes.

¡Que sea tan fuerte como pueda ser! Santa Muerte

serie del Fénix

© 1a Edición Calli Casa Editorial 2023

Yhacar Trust, 2023

Por VICTORIA REY

Supervisión general: Bernabé Pérez.

www.2GoodLuck.com

Calli Casa Editorial

Lake Elsinore, CA 92530

Calli

Magnética y mágica, ¡Oh Esta página cargo de poder!

Introducción

¡Bienvenidos al mundo de la devoción a la Santa Muerte! Hoy quiero presentarles la introducción de un libro que sin duda les resultará fascinante: "Altares de la Santa Muerte".

Este libro es una obra que nos lleva a explorar el mundo de la devoción a la Santa Muerte, una de las figuras más emblemáticas de la cultura mexicana y latinoamericana. En sus páginas encontraremos información detallada acerca de los altares dedicados a esta figura sagrada, y la forma en que se utilizan en la práctica de la fe.

Los altares de la Santa Muerte son una expresión de la fe popular que ha ganado cada vez más adeptos en los últimos años. En ellos se pueden encontrar objetos simbólicos que representan la vida, la muerte y la resurrección, y que son utilizados para pedir protección, ayuda y bendiciones.

A través de este libro, descubriremos la importancia de los altares en la devoción a la Santa Muerte, y la forma en que se utilizan en la práctica de la fe. Además, conoceremos la historia y las diferentes tradiciones que se han desarrollado en torno a la figura de la Santa Muerte.

Este libro es para aquellos que buscan conocer más acerca de esta figura sagrada y su devoción, para aquellos que buscan una conexión más profunda con la fe y la espiritualidad, y para aquellos que desean aprender acerca de las diferentes tradiciones y culturas que conforman la rica diversidad de nuestro mundo.

Antes de empezar, les quiero explicar el formato que utilizaremos en este libro.

Primero vamos a ver:

1. Qué es un altar y con qué elementos se forma.

2. Qué es un ritual y con qué elementos se forma.

3. Qué es un talismán y con qué elementos se forma.

A continuiación, les daremos una lista de los elementos que se pueden usar tanto en altares como en rituales y en talismanes.

Después, mostraremos cómo prepararlos, cómo consagrarlos y cómo hacerlos personalizados.

En la última sección, damos ejemplos de oraciones para repetir en silencio o en voz alta, como se prefiera, y que sirven al igual, para consagrar altares, para iniciar o cerrar rituales o para cargar de energía los talismanes.

Así que los invito a adentrarse en este fascinante libro, a explorar el mundo de los altares de la Santa Muerte y a conectarse con la espiritualidad y la fe que se encuentran en su corazón. ¡Disfruten de esta experiencia de aprendizaje y crecimiento!

Cómo Usar Este Libro

Este libro, "Altares de la Santa Muerte", está dividido en secciones que nos permiten conocer más acerca de la devoción a la Santa Muerte y la forma en que se utilizan los altares y talismanes en la práctica de la fe.

La primera sección del libro está dedicada a los elementos necesarios para crear un altar, ofrenda, ritual, o un talismán dedicado a la Santa Muerte. En esta sección, se explican los diferentes objetos simbólicos que se utilizan en la devoción a la Santa Muerte, como velas, inciensos, imágenes, amuletos y otros elementos.

Esta parte del libro también inlcuye algunos ejemplos de talismanes o altares dedicados a la Santa Muerte. En esta sección, se presentan diferentes diseños y composiciones de altares y talismanes, con el fin de inspirar a los lectores y ofrecerles diferentes ideas para crear sus propios altares y talismanes.

La segunda y última sección del libro está dedicada a las oraciones e invocaciones para crear altares, ofrendas, rituales, o talismanes. En esta sección, se presentan diferentes símbolos y sus respectivas oraciones que se utilizan en la práctica de la devoción a la Santa Muerte. Estas oraciones e invocaciones son una herramienta fundamental para la conexión con la fe y la espiritualidad, y permiten a los lectores profundizar en su práctica de la devoción a la Santa Muerte.

En resumen, "Altares de la Santa Muerte" es una obra que nos permite conocer más acerca de la devoción a la Santa Muerte, los altares y los talismanes utilizados en la práctica de la fe, y las oraciones e invocaciones que permiten la conexión con la espiritualidad y la fe. Cada sección del libro ofrece información valiosa y útil para aquellos que desean adentrarse en el mundo de la devoción a la Santa Muerte y profundizar en su práctica espiritual.

Altares y Ofrendas

Cómo preparar el altar general

Aquí te comparto una guía básica para crear un altar a la Santa Muerte:

Ubicación: lo primero que debes hacer es encontrar un lugar en tu hogar que sea tranquilo y se sienta especial para ti. Es importante que el lugar sea respetado y mantenido limpio.

Altar: coloca una mesa o cualquier superficie que te guste en el lugar que hayas escogido. Esta mesa será el altar de la Santa Muerte. Puedes cubrirlo con un mantel de color negro o rojo.

Imagen de la Santa Muerte: coloca una imagen de la Santa Muerte en el centro del altar. Puede ser una estatua, una fotografía o cualquier otra imagen que te haga sentir conectado con ella.

Velas: coloca al menos dos velas en los extremos del altar. Las velas pueden ser de color rojo, blanco, negro o morado. Enciende las velas cuando estés haciendo tus oraciones y peticiones.

Ofrendas: puedes ofrecer a la Santa Muerte diferentes elementos como frutas, flores, velas, pan, tequila o cualquier otra cosa que le guste o que sepas que es de su agrado o algo que tú quieras ofrendarle para honrarla.

Incienso: enciende un incienso de aroma suave para purificar el ambiente y hacer la conexión con la Santa Muerte más fuerte.

Oraciones: es importante que reces y hagas tus peticiones a la Santa Muerte en tu altar. Puedes usar las oraciones que ya conoces o puedes crear tus propias oraciones. O puedes usar alguna de las oraciones que están en la segunda sección de este libro.

Recuerda que este es solo un ejemplo básico de cómo crear un altar a la Santa Muerte. Lo más importante es que sientas una conexión personal con ella y que le ofrezcas tu devoción y respeto. Tu puedes adaptar este modelo de altar al lugar y diseño que más se conecte contigo.

Altares y Ofrendas con Propósito Específico

Los altares son una herramienta importante en la práctica de la devoción a la Santa Muerte y cada uno tiene un propósito específico. Aquí te presento una breve descripción de los diferentes tipos de altares:

Altar de dinero: este tipo de altar se utiliza para atraer la prosperidad y la abundancia económica. En él se pueden colocar elementos como velas verdes, monedas, billetes, hierbas como la canela y el laurel, entre otros.

Altar de protección: este tipo de altar se utiliza para pedir protección y alejar las energías negativas. En él se pueden colocar elementos como velas rojas o negras, hierbas como el romero y la ruda, y amuletos de protección.

Altar de amor: este tipo de altar se utiliza para atraer el amor y fortalecer las relaciones existentes. En él se pueden colocar elementos como velas rojas, flores como las rosas, y objetos personales de la persona amada.

Altar de buena suerte: este tipo de altar se utiliza para atraer la buena suerte y el éxito en los negocios y en la vida en general. En él se pueden colocar elementos como velas amarillas, piedras como la pirita y la cornalina, y plantas como la albahaca y el bambú.

Altar de salud: este tipo de altar se utiliza para pedir por la salud y el bienestar físico y mental. En él se pueden colocar elementos como velas verdes, plantas medicinales como la manzanilla y la menta, y objetos que representen la curación y la sanación.

Altar de paz en el hogar: este tipo de altar se utiliza para crear un ambiente de paz y armonía en el hogar. En él se pueden colocar elementos como velas blancas o amarillas, inciensos de sándalo y mirra, y objetos que representen la armonía y la unión familiar.

Altar de caso de corte: este tipo de altar se utiliza para pedir por un juicio justo y favorable en casos legales. En él se pueden colocar elementos como velas azules, hierbas como el laurel y la salvia, y objetos que representen la justicia y la equidad.

Altar de sobriedad: este tipo de altar se utiliza para pedir por la liberación de adicciones y malos hábitos. En él se pueden colocar elementos como velas naranjas, azules o blancas, piedras como la amatista y el cuarzo, y objetos que representen la fortaleza y la superación personal.

Altar de liberación: este tipo de altar se utiliza para pedir por la liberación de situaciones difíciles, como la cárcel, los celos y otras adicciones. En él se pueden colocar elementos como velas amarillas o blancas, hierbas como la ruda y el romero, y objetos que representen la liberación y la superación.

Magnética y mágica, ¡Oh Esta página cargo de poder!

Altar de limpias: este tipo de altar se utiliza para limpiar la energía negativa y atraer la buena energía. En él se pueden colocar elementos como velas azules, hierbas como la salvia y el incienso de copal, y objetos que representen la purificación y la limpieza.

Altar de Levanta Negocio: este tipo de altar se utiliza para atraer la prosperidad. En él se pueden usar velas verdes, doradas o anaranjadas.

Altar para una petición especial: Este tipo de altar se utiliza para pedir por una petición específica, que puede ser desde un deseo personal hasta una situación que requiere de ayuda espiritual.

En este tipo de altar, los elementos que se colocan dependerán de la petición específica que se esté haciendo. Por ejemplo, si se está pidiendo por un trabajo nuevo, se pueden colocar velas verdes y amarillas, hierbas como la canela y el romero, y objetos que representen el trabajo y la prosperidad. Lo importante en este tipo de altar es enfocarse en la petición específica y utilizar elementos que nos ayuden a conectarnos con la energía que necesitamos para alcanzar nuestro objetivo.

Este tipo de altar puede ser una herramienta poderosa para enfocar nuestras energías y atraer la ayuda que necesitamos para lograr nuestras metas. Se puede utilizar en momentos de necesidad o simplemente para enfocar nuestras intenciones y atraer la energía positiva hacia nosotros. En resumen, un altar para una petición especial es una herramienta flexible y personalizada que nos permite enfocarnos en nuestras necesidades específicas y utilizar elementos simbólicos para atraer la energía positiva que necesitamos para lograr nuestros objetivos.

Elementos para tu Altar

En las última sección de este libro, encontrarás listas de hierbas, flores y otros muchos elementos que puedes agregar a tu altar o a tu ofrenda.

En la sección de hierbas, flores y objetos, si encuentras alguno que deseas poner en tu altar ú ofrenda, recuerda que puedes ponerlo en vivo, como por ejemplo, rosas frescas, o puedes poner rosas de seda o, simplemente, puedes dibujar unas rosas en un papel.

Igual con los animales. Si logras encontrar una figurilla de cerámica o madera del animal en cuestión, perfecto. Si no, simplemente con que agregues el dibujo de dicho animal en tu altar, bastará para invocar su energía y traerla hasta tu espacio.

En pocas palabras, lo importante de estos símbolos es que te conectes con su energía y que la manifiestes en el altar.

	Incienso de Mirra: la mirra es una resina aromática utilizada en la Biblia para la adoración a Dios. El incienso de mirra se utiliza para conectarse con la espiritualidad y la purificación del ambiente.
	Incienso de Sándalo: el sándalo es un aroma suave y dulce que se utiliza para la meditación y la conexión con la espiritualidad. El incienso de sándalo también se utiliza para la purificación del ambiente y para alejar las energías negativas.
	Incienso de Palo Santo: el palo santo es una madera sagrada utilizada en América del Sur para la purificación y la conexión con lo divino. El incienso de palo santo se utiliza para limpiar el ambiente de energías negativas y para conectarse con lo divino.
	Incienso de Jazmín: el jazmín es un aroma dulce y relajante utilizado para la meditación y la conexión con la espiritualidad. El incienso de jazmín también se utiliza para la relajación y el alivio del estrés.
	Incienso de Lavanda: la lavanda es una planta aromática utilizada para la relajación y la conexión con lo divino. El incienso de lavanda también se utiliza para la purificación del ambiente y para aliviar el estrés.
	Incienso de Rosa: la rosa es una flor aromática utilizada para la conexión con lo divino y para el amor. El incienso de rosa se utiliza para la purificación del ambiente y para atraer la energía del amor.

Inciensos para Altar, Ofrenda, Consagración o Ritual #2

	Incienso de Nardo: el nardo es una planta aromática utilizada en la Biblia para la adoración a Dios. El incienso de nardo se utiliza para conectarse con la espiritualidad y para la purificación del ambiente.
	Incienso de Loto: el loto es una flor sagrada utilizada en la meditación y la conexión con lo divino. El incienso de loto se utiliza para purificar el ambiente y para conectarse con la espiritualidad.
	Incienso de Mirto: el mirto es una planta sagrada utilizada en la Biblia para la adoración a Dios. El incienso de mirto se utiliza para la purificación del ambiente y para conectarse con la espiritualidad.
	Incienso de Benjuí: el benjuí es una resina aromática utilizada para la conexión con lo divino y para la purificación del ambiente. El incienso de benjuí se utiliza también para aliviar el estrés y la ansiedad.
	Incienso de Canela: la canela es una especia utilizada para la conexión con lo divino y para la atracción de la energía del amor. El incienso de canela se utiliza también para la purificación del ambiente y para la relajación.
	Incienso de Lírio: el lirio es una flor sagrada utilizada para la conexión con lo divino y para la purificación del ambiente. El incienso de lirio se utiliza también para la relajación y la meditación.

Significado de los Colores

A continuación encontrarás los significados de los colores. Puedes usar estos colores para los manteles de tu altar, los colores de tu taslimán, los adornos de tu ofrenda, etc. Son solamente una guía. Si tù tienes algún color específico que te haga sentir una conexión directa con la Santa Muerte, úsalo según lo desees.

1. **Blanco:** el blanco simboliza la pureza, la paz y la armonía. También se utiliza para la purificación y la protección.

2. **Negro:** el negro simboliza el misterio, lo oculto y la magia. También se utiliza para la protección y la disolución de energías negativas.

3. **Rojo:** el rojo simboliza la pasión, la fuerza y la energía. También se utiliza para la protección y la atracción de la buena suerte en el amor.

4. **Verde:** el verde simboliza la naturaleza, la fertilidad y la salud. También se utiliza para la prosperidad y la abundancia en los negocios.

5. **Azul:** el azul simboliza la calma, la serenidad y la sabiduría. También se utiliza para la protección y la conexión con lo divino.

6. **Amarillo:** el amarillo simboliza la alegría, la felicidad y la creatividad. También se utiliza para la atracción de la buena suerte en los negocios y los estudios.

7. **Naranja:** el naranja simboliza la energía, la vitalidad y la creatividad. También se utiliza para la atracción de la buena suerte en los negocios.

8. **Morado:** el morado simboliza la espiritualidad, la sabiduría y la magia. También se utiliza para la conexión con lo divino y la protección.

9. **Rosa:** el rosa simboliza el amor, la amistad y la ternura. También se utiliza para la atracción de la buena suerte en el amor.

10. **Plateado:** el plateado simboliza la luna, la intuición y la magia. También se utiliza para la purificación y la protección.

11. **Dorado:** el dorado simboliza el sol, la riqueza y el éxito. También se utiliza para la atracción de la buena suerte en los negocios y la prosperidad.

12. **Gris:** el gris simboliza la neutralidad, la reflexión y la sabiduría. También se utiliza para la protección y la disolución de energías negativas.

Espero que esta lista te haya resultado útil y te ayude a comprender mejor el significado simbólico de los colores en el área de lo mágico o esotérico. ¡Que tengas un día lleno de magia y energía positiva!

Magnética y mágica, ¡Oh Esta página cargo de poder!

Rituales

Los rituales son una herramienta poderosa en la práctica de la devoción a la Santa Muerte. Aquí te comparto una guía básica para preparar un ritual y algunas de las razones por las que se usan:

Define tu objetivo: antes de preparar un ritual, es importante que tengas claro cuál es tu objetivo. Puede ser para agradecer, para pedir protección, para encontrar amor, para prosperidad, entre otros.

Prepara tu espacio: busca un lugar tranquilo donde no vayas a ser interrumpido. Puedes limpiar el espacio con hierbas o incienso para purificarlo. También puedes poner velas, flores, fotos, ofrendas y cualquier otro elemento que te ayude a conectarte con la Santa Muerte.

Prepara tus materiales: dependiendo del objetivo de tu ritual, puede ser necesario que tengas velas, incienso, hierbas, cristales, papel y lápiz para escribir tus intenciones.

Inicia el ritual: enciende las velas e incienso, pon música si lo deseas, respira profundamente y concéntrate en tu objetivo. Puedes decir una oración o una invocación a la Santa Muerte.

Haz tu petición: es el momento de hacer tu petición con sinceridad y confianza. Puedes escribirla en un papel y colocarla en tu altar o simplemente decirlo en voz alta.

Agradece: después de hacer tu petición, agradece a la Santa Muerte y siente su energía en tu corazón. Puedes cerrar el ritual con una oración o simplemente apagando las velas.

Los rituales se usan para conectarse con la energía de la Santa Muerte y enfocar nuestras intenciones en un objetivo específico. También se utilizan para expresar devoción y gratitud hacia ella. Es importante recordar que los rituales deben hacerse con respeto, intención y sinceridad. Siempre es recomendable estudiar y aprender más sobre la práctica de la devoción a la Santa Muerte antes de realizar cualquier ritual.

Ejemplos de Ritual

A continuación, te presento algunos ejemplos de rituales que se pueden hacer a la Santa Muerte:

Ritual para la protección: enciende una vela roja y una negra en tu altar. Pide a la Santa Muerte que te proteja de todo mal y peligro, y que te guíe hacia el camino de la luz. También puedes poner una fotografía tuya o de la persona a la que quieres proteger en el altar.

Ritual para la prosperidad: enciende una vela verde y una amarilla en tu altar. Pide a la Santa Muerte que te ayude a atraer la prosperidad y el éxito en tu vida, y que te brinde la sabiduría para tomar las decisiones correctas. También puedes poner monedas, billetes o cualquier otro objeto que represente la prosperidad en el altar.

Ritual para el amor: enciende una vela roja y una rosa en tu altar. Pide a la Santa Muerte que te ayude a encontrar el amor verdadero y que te brinde la sabiduría y la paciencia para construir una relación saludable. También puedes poner una fotografía tuya o de la persona a la que quieres atraer en el altar.

Ritual para la liberación: enciende una vela negra en tu altar. Pide a la Santa Muerte que te libere de cualquier emoción destructiva como el dolor, la tristeza, el miedo, la ira o cualquier tipo de adicción. También puedes quemar un papel con las palabras o situaciones que te generan esas emociones y dejarlas ir.

Recuerda que los rituales son una forma de conectarnos con la energía de la Santa Muerte y enfocar nuestras intenciones en un objetivo específico. Lo más importante es que sientas una conexión personal con ella y que le ofrezcas tu devoción y respeto.

Magnética y mágica, ¡Oh Esta página cargo de poder!

Calendario Básico de Rituales

Es importante recordar que la práctica de la devoción a la Santa Muerte puede variar dependiendo de la tradición y la experiencia personal de cada devoto. Sin embargo, aquí te presento un calendario básico de rituales recomendados para la Santa Muerte:

Enero:

Ritual de purificación y renovación para comenzar el año con energía positiva. Enciende una vela blanca y una negra o roja en tu altar y pide a la Santa Muerte que te ayude a liberarte de todo lo negativo y a atraer la luz hacia tu vida.

Febrero:

Ritual para el amor y la amistad. Enciende una vela roja y una rosa en tu altar y pide a la Santa Muerte que te ayude a atraer el amor verdadero y a fortalecer tus relaciones con tus seres queridos.

Marzo:

Ritual para la prosperidad y el éxito. Enciende una vela verde y una amarilla en tu altar y pide a la Santa Muerte que te brinde la sabiduría y la fortaleza para lograr tus metas y alcanzar la prosperidad.

Abril:

Ritual para la protección. Enciende una vela roja y una negra en tu altar y pide a la Santa Muerte que te proteja de todo mal y peligro, y que te guíe hacia el camino de la luz.

Mayo:

Ritual para la salud y el bienestar. Enciende una vela verde y una anaranjada en tu altar y pide a la Santa Muerte que te brinde la sanación y la vitalidad necesarias para mantener una vida saludable.

Junio:

Ritual para la paz y la armonía en el hogar. Enciende una vela azul y una rosa en tu altar y pide a la Santa Muerte que bendiga tu hogar y brinde la paz y la armonía que necesitas para mantener relaciones saludables y felices.

Julio:

Ritual para la liberación. Enciende una vela negra en tu altar y pide a la Santa Muerte que te libere de cualquier emoción destructiva como el dolor, la tristeza, el miedo o la ira.

Agosto:

Ritual para la sabiduría y el conocimiento. Enciende una vela morada en tu altar y pide a la Santa Muerte que te brinde la sabiduría y el conocimiento necesarios para tomar decisiones correctas en tu vida.

Septiembre:

Ritual para la protección en el trabajo o negocios. Enciende una vela verde y una negra en tu altar y pide a la Santa Muerte que te proteja de la envidia y la competencia, y que te brinde el éxito en tu trabajo o negocios.

Octubre:

Ritual para la conexión espiritual. Enciende una vela azul y una amarilla en tu altar y pide a la Santa Muerte que te ayude a conectar con tus seres queridos fallecidos y a encontrar la paz en tu corazón.

Noviembre:

Ritual para la gratitud y el agradecimiento. Enciende una vela dorada en tu altar y da gracias a la Santa Muerte por todo lo que te ha brindado en el año.

Diciembre:

Ritual para la celebración. Enciende tres velas: blanca, verde y roja para cerrar el año y conéctate con la energía del solsticio de invierno. Así como la tierra reposa y se recupera en estas fechas preparándose para iniciar el nuevo ciclo de siembra y cosecha del año venidero, así tú, reposa, recupera energías y prepárate para darle la vuelta a la rueda de la vida una vez más.

Magnética y mágica, ¡Oh Esta página cargo de poder!

Días Propicios para los Rituales

Cada día de la semana está regido por un planeta y una energía específica, lo que puede influir en la elección de los rituales y las ofrendas a la Santa Muerte. Aquí te presento una guía básica de los días más propicios para realizar ciertos rituales a la Santa Muerte:

Lunes: El día está regido por la luna, por lo que es un buen día para realizar rituales relacionados con el amor, la maternidad, la fertilidad, la protección y la sanación emocional.

Martes: El día está regido por Marte, por lo que es un buen día para realizar rituales de protección, para la eliminación de energías negativas y para fortalecer la voluntad y la determinación.

Miércoles: El día está regido por Mercurio, por lo que es un buen día para realizar rituales relacionados con la comunicación, el conocimiento, la sabiduría, los negocios y el éxito profesional.

Jueves: El día está regido por Júpiter, por lo que es un buen día para realizar rituales relacionados con la abundancia, la prosperidad, el éxito financiero, la justicia y la expansión en cualquier área de la vida.

Viernes: El día está regido por Venus, por lo que es un buen día para realizar rituales relacionados con el amor, la pasión, la sensualidad, la belleza y la armonía en las relaciones.

Sábado: El día está regido por Saturno, por lo que es un buen día para realizar rituales relacionados con la protección, la liberación, la justicia y la eliminación de obstáculos en la vida.

Domingo: El día está regido por el sol, por lo que es un buen día para realizar rituales relacionados con el éxito, la prosperidad, la fama, la creatividad y el poder personal.

Recuerda que estas son solo guías generales y que siempre debes seguir tu intuición y sentir cuál es el mejor momento para realizar tus rituales y ofrendas a la Santa Muerte.

Talismanes

Un talismán es un objeto al que se le atribuyen propiedades mágicas o protectoras y que se utiliza para prosperar o proteger a la persona que lo lleva consigo. Aunque los talismanes pueden variar en forma y composición, hay ciertos elementos que se consideran esenciales para crear un buen talismán. Aquí te presento algunos de ellos:

1. Intención clara: es importante tener una intención clara al crear un talismán. Debes saber exactamente lo que deseas lograr y cómo quieres que el talismán te ayude en ese objetivo.

2. Materiales adecuados: elige materiales que representen la intención que tienes para el talismán. Por ejemplo, si buscas protección, podrías usar hierbas protectoras como el laurel o la ruda.

3. Simbología adecuada: selecciona símbolos que representen lo que buscas para tu talismán. Por ejemplo, si buscas amor, podrías incluir un corazón o una rosa.

4. Personalización: un buen talismán debe ser personalizado y único para ti. Puedes agregar elementos que tengan un significado especial para ti o que representen tus propias creencias y tradiciones.

5. Carga energética: antes de usar el talismán, es importante que lo cargues con energía positiva. Puedes hacerlo a través de una oración o meditación, o simplemente visualizando la intención que tienes para el talismán.

6. Consagración: si deseas, puedes consagrar el talismán a través de un ritual para dotarlo de mayor poder y protección.

7. Limpieza regular: es importante limpiar el talismán de vez en cuando para mantener su poder y energía. Puedes hacerlo a través de la luz de la luna o el sol, o mediante un ritual de limpieza.

Recuerda que los talismanes son herramientas que pueden ayudarte a enfocar tus intenciones y atraer energías positivas. Con estos elementos, podrás crear un talismán que sea efectivo y poderoso para ti.

Magnética y mágica, ¡Oh Esta página cargo de poder!

Cómo Hacer tu Propio Talismán DIY de la Santa Muerte

Puedes hacer tu propio talismán. Aquí está cómo hacerlo.

Primero, crea una frase o palabra que represente el propósito de tu talismán.

Usar palabras afirmativas positivas en tiempo presente. Por ejemplo, no diga "Pagar mis deudas". Un mejor dicho sería: "Ser libre de deudas", "Tener libertad económica" o "Ser rico".

Trabajemos un ejemplo con esta frase: "Ser propietario de casa".

Luego usa esta tabla para obtener los números:

1	2	3	4	5	6	7	8	9
a	b	c	d	e	f	g	h	i
j	k	l	m	n	o	p	q	r
s	t	u	v	w	x	y	z	

Ser-propietario-de-casa

1-5-9 7-9-6-7-9-5-2-1-9-9-6- 4-5 3-1-1-1

ahora elimina los números repetidos:

1-5-9-7-6-2-4-3

a continuación crea tu propio símbolo:

1 2 3 4 5 6 7 8 9	· · · · · · · · ·
Sigue la posición de los números para hacer un trazo.	Aquí haces el trazo siguiendo la posición de los números.

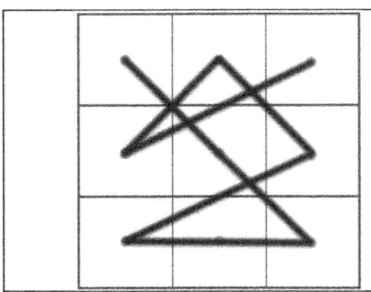

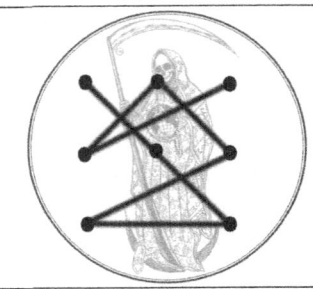

Aquí está el resultado: los números conectados manifestando tu deseo.	Ahora toma esa figura y pásala al centro del círculo.

A continuación, para cargar tu talismán con tu propia energía, puedes escribir dentro y fuera del círculo elementos que lo hagan más fuerte.

Ejemplos de qué escribir alrededor del círculo, dentro y/o fuera:

1. Iniciales de tu nombre y/o iniciales del nombre de la persona para la que estás preparando el talismán. (Puedes hacerlo con el alfabeto cabalístico incluido en este libro).

2. Su fecha de nacimiento y/o la fecha de nacimiento de ellos. (Puedes hacerlo con los números rúnicos incluidos aquí)

3. Símbolo de tu signo zodiacal y/o su signo zodiacal. (Ver sección Zodiaco)

4. La fecha en que creaste el sello, para que puedas ver el progreso de tu petición.

5. Una imagen de alguno de los elementos de la Santa Muerte incluidos en este libro.

6. El símbolo o dibujo de un objeto que te hace sentir fuerte, al mando y poderoso. Puede ser tan simple como un bolígrafo, si eres escritor, o tan complicado como un tractor, si eres agricultor. Tú decides.

7. Coordenadas de la ubicación o código postal donde estás lanzando el hechizo.

8. Cualquier otra cosa que funcione para ti y que haga que este sello sea más fuerte.

Ahora sigue las instrucciones para consagrar tu talismán.

Este talismán puedes meterlo en una bolsita de tela y agregarle inciensos, cuarzos, semillas o flores secas.

Si tu talismán es de protección, llévalo contigo y tócalo cada vez que necesites conectarte con su energía y llenarte de ella.

Amplia o reduce estos dibujos para preparar tu propio talismán, según lo prefieras.

¡Que sea tan fuerte como pueda ser! Santa Muerte

Ceremonia de Consagración de tu Talismán

La ceremonia de consagración de un talismán de la Santa Muerte puede variar dependiendo de la tradición y la experiencia personal de cada devoto. Sin embargo, aquí te presento un ejemplo de ceremonia de consagración de un talismán de la Santa Muerte:

Materiales necesarios:

El talismán que preparaste para la Santa Muerte

Velas (preferiblemente de los colores que representan la intención del talismán)

Incienso

Una imagen o estatua de la Santa Muerte

Agua bendita

Sal de mar

Pasos a seguir:

Limpia y purifica tu espacio sagrado, encendiendo incienso y pasando el humo por todo el lugar.

Coloca la imagen o estatua de la Santa Muerte en el centro del espacio sagrado, rodeada de las velas y el talismán.

Enciende las velas y el incienso.

Rocía el talismán con agua bendita y espolvorea un poco de sal de mar sobre él.

Toma el talismán en tus manos y enfoca tu intención en él. Visualiza claramente lo que deseas que este talismán te brinde.

Recita una oración a la Santa Muerte, pidiéndole que bendiga el talismán y lo cargue con la energía necesaria para ayudarte a lograr tu objetivo.

Deja que las velas se consuman por completo y guarda el talismán en un lugar seguro y sagrado hasta que sea necesario usarlo.

Es importante recordar que la consagración de un talismán es un acto sagrado y personal. Cada devoto puede personalizar la ceremonia según sus creencias y necesidades individuales.

Busca en la sección de símbolos, los que más se adapten a tu intención y preferencias.

Magnética y mágica, ¡Oh Esta página cargo de poder!

Elementos de la Santa Muerte

Estos elementos representan a la Santa Muerte. Puedes usar estos elementos en dibujo o en representadas físicamente en madera, metal, cerámica, etc, según las encuentres.

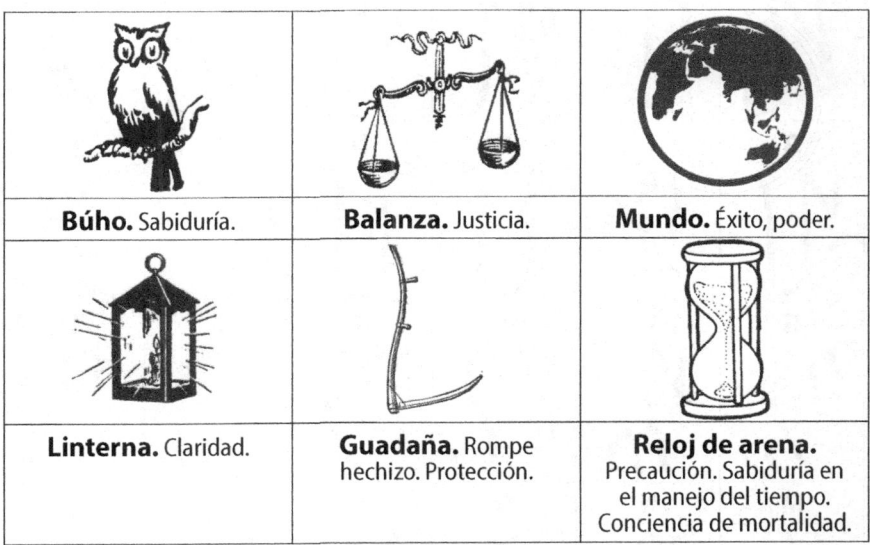

Búho. Sabiduría.	**Balanza.** Justicia.	**Mundo.** Éxito, poder.
Linterna. Claridad.	**Guadaña.** Rompe hechizo. Protección.	**Reloj de arena.** Precaución. Sabiduría en el manejo del tiempo. Conciencia de mortalidad.

Herramientas Sagradas

En las próximas dos páginas te presentamos el Alfabeto Cabalístico Mágico de la Santa Muerte, que está basado en un alfabeto creado por sabios hebreos de la antigüedad.

Este alfabeto fue inventado con la intención de ayudar al hechicero a escribir datos importantes en los sellos y talismanes mágicos, decretos, actas o cualquier otro documento que se deseara manter oculto de ojos impíos.

Este alfabeto puede ser usado para que tú escribas iniciales y hasta nombres completos (de las personas involucradas), lugares, decretos, oraciones, peticiones o cualquier cosa que desees proteger.

También te presentamos los números rúnicos, los cuales puedes usar para escribir fechas, coordenadas, cantidades o cualquier otro número que desees mantener visible sólo para tus ojos.

Los números rúnicos fueron creados por los escandinavos en la Edad Media y ahora son presentados ante ti como herramienta bendecida por la Santa Muerte.

Cuando uses estas dos herramientas, hazlo con reverencia.

Mientras estás escribiendo, enfoca bien tu intención para que imprima en tu ritual, altar, talismán, etc, la vibración de creación o protección que deseas lograr.

Alfabeto Cabalístico-Mágico

Usa este alfabeto para escribir de forma tal que tu texto sea secreto ante ojos ajenos.

A	B	C	D	E	F
G	H	I	J	K	L
M	N	O	P	Q	R
S	T	U	V	W	X
Y	Z				

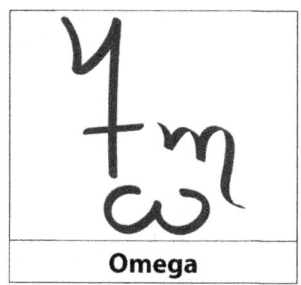

Omega

Magnética y mágica, ¡Oh Esta página cargo de poder!

Números Rúnicos

Usa estos números en tu talismán para que solo tú sepas lo que significan.

1.	2.	3.	4.
5.	6.	7.	8.
9.	10.	11.	12.
13.	14.	15.	16.
17.	18.	19.	

Símbolos Astrológicos

Usa estos símbolos en tu altar, ofrenda, ritual, oración, talismán, sello, etc. para conectar la energía del signo zodiacal tuyo o de la persona a la cual quieres involucrar en tu proceso mágico.

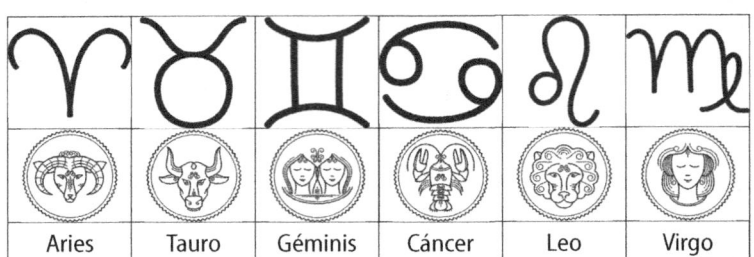

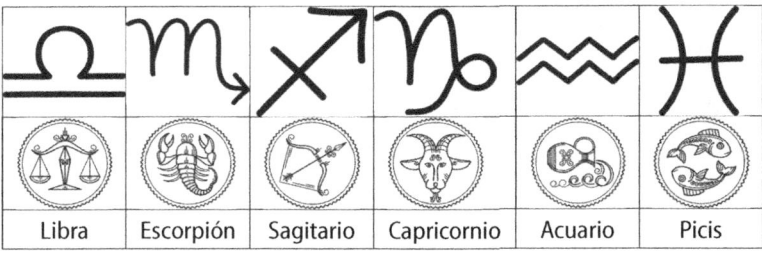

Magnética y mágica, ¡Oh Esta página cargo de poder!

Símbolos Mágicos y sus Respectivas Oraciones

En las próximas páginas te presentamos diversos símbolos para ayudarte a enfocar e imprimir tu energía mágica en altares, ofrendas, rituales, oraciones, sellos, talismanes, etc.

Estos símbolos los puedes usar de la manera que tu creatividad te dicte.

Por ejemplo:

¿Quieres hacer un altar de amor? Busca figuras de cerámica que representen amor y ponlas en tu altar.

¿Quieres hacer un talismán de protección? Busca un símbolo en las páginas de protección y reprodúcelo en tu talismán para fortalecer tu energía de protección.

¿Quieres llevar contigo una oración de prosperidad? Busca uno o varios símbolos de dinero o buena suerte y agrégalo a tu escrito.

¿Deseas que un ser amado sane de alguna enfermedad? Pon una ofrenda a la Santa Muerte y agrega símbolos de salud a la ofrenda, así como el nombre de la persona, su símbolo del zodiaco, su fecha de nacimiento, etc.

Me parece que ya tienes una mejor idea de cómo usar estos símbolos que a continuación vas a encontrar.

Todos estos símbolos llevan bendiciones y energía creativa para apoyarte en tu conexión con la Santa Muerte y en tu deseo de mejorar tu vida o la de los demás usando su energía.

En cada página encontrarás el símbolo, su explicación y un ejemplo de la oración a la Santa Muerte que está conectada con dicho símbolo.

Encontrarás símbolos de amor, buena suerte, prosperidad, protección, sobriedad, limpias, triunfo y victoria.

Encontrarás oraciones para el amor, para la familia, los amigos, la prosperidad, las mascotas, la protección en diversos escenarios, etc.

Muchas bendiciones y que estas páginas te brinden herramientas poderosas en tu evolución espiritual y tu conexión con la Santa Muerte.

Ofrenda de Amor

Había una vez una mujer llamada Sofía que estaba pasando por un momento difícil en su relación con su pareja, Juan. Habían discutido fuertemente y las cosas se habían enfriado entre ellos. Sofía quería reconciliarse con Juan, pero no sabía cómo hacerlo.

Un día, mientras caminaba por la calle, Sofía vio una tienda que vendía artículos religiosos y esotéricos. Decidió entrar y buscar algo que pudiera ayudarla a solucionar su problema. Fue entonces cuando vio un altar a la Santa Muerte, rodeado de velas y ofrendas de todo tipo.

Sofía se sintió atraída por el altar y decidió hablar con la vendedora, quien le explicó la importancia de las ofrendas a la Santa Muerte. La vendedora le sugirió que hiciera una ofrenda de amor para reconciliarse con Juan. Sofía compró las velas y los materiales necesarios y se fue a casa a preparar la ofrenda.

Esa noche, Sofía colocó la ofrenda en su altar y encendió las velas. Le pidió a la Santa Muerte que la ayudara a encontrar la paz y la reconciliación con su pareja. Durante varios días, Sofía mantuvo su ofrenda en el altar y oró cada noche, pidiéndole a la Santa Muerte que escuchara su petición.

Un día, mientras estaba en el trabajo, Sofía recibió una llamada de Juan. Él le dijo que había estado pensando en ella y en su relación, y que quería hablar para solucionar sus problemas. Sofía se sintió muy feliz y agradecida por la ayuda que había recibido de la Santa Muerte.

Finalmente, Sofía y Juan se reunieron y tuvieron una larga conversación, discutieron sus problemas y se disculparon mutuamente. Fue un momento muy emocional y significativo para ambos. Desde entonces, su relación ha mejorado notablemente y Sofía siempre agradece a la Santa Muerte por la ayuda que recibió para reconciliarse con su pareja.

Símbolos y Oraciones de Amor

Aquí encontrarás todos los elementos cuya energía representa Amor entre dos personas, amor hacia la familia, amistad, buena voluntad y todos esos sentimientos que hacen que la persona se sienta en buena vibra, así como las oraciones que puedes rezar en cada caso.

Símbolos y Oraciones de Amor #1

 **Corazón:** el corazón es probablemente el símbolo más comúnmente asociado con el amor. Se utiliza para representar el amor romántico, la pasión y el afecto.

Oración: Oh Santa Muerte, protectora de nuestros corazones, guardiana de nuestros amores, hoy acudimos a ti con humildad y devoción. Te pedimos que nos ayudes a encontrar el amor verdadero, a sanar las heridas de nuestro corazón, y a mantener vivo el fuego de la pasión en nuestras relaciones. Tú que eres la reina de la noche y la guardiana de los secretos, danos la sabiduría para elegir a la persona correcta, y el coraje para enfrentar los desafíos del amor. Oh Santa Muerte, te pedimos que nos bendigas con tu luz y tu protección, para que nuestro corazón siempre esté lleno de amor y felicidad. Que así sea. Amén.

 **Rosa roja:** las rosas son un símbolo de amor y romance. Los colores de las rosas también tienen diferentes significados. Por ejemplo, las rosas rojas se asocian con el amor apasionado, mientras que las rosas blancas representan la pureza y la inocencia.

Oración: Oh Santa Muerte, madre protectora de nuestras almas, hoy venimos a ti con amor y devoción. Tú que eres la patrona de los enamorados, que conoces el valor de la pasión y el amor, te pedimos que nos bendigas con tu gracia y protección. Que las rosas, símbolo del amor, inunden nuestros corazones y nuestros hogares, y que nos concedas el amor verdadero y duradero, que llene nuestras vidas de felicidad y armonía. Oh Santa Muerte, te pedimos que nos guíes y protejas en nuestro camino hacia el amor, y que nos des la fortaleza y la sabiduría para superar los desafíos y las pruebas. Que tus bendiciones y protección estén siempre con nosotros, y que el amor florezca como las rosas en nuestro corazón. Te lo pedimos con humildad y gratitud, en nombre del amor y la devoción. Que así sea. Amén.

Símbolos y Oraciones de Amor #2

Cupido: en la mitología romana, Cupido es el dios del amor y la atracción. Se representa como un niño con alas y un arco y flechas, que se utiliza para hacer que las personas se enamoren.

Oración: Oh Santa Muerte, tú que eres la patrona del amor, la protectora de las almas enamoradas, te pedimos que nos ayudes a encontrar el amor verdadero. Que Cupido, el dios del amor, nos traiga su flecha y su bendición, para que encontremos a la persona perfecta, y vivamos una historia de amor inolvidable. Oh Santa Muerte, te pedimos que nos ilumines con tu sabiduría y tu gracia, para que sepamos reconocer al verdadero amor, y sepamos valorar y cuidar nuestra relación. Que Cupido y tú, Santa Muerte, nos bendigan con su amor y su protección, para que nuestro corazón esté lleno de alegría y felicidad. Te lo pedimos con humildad y gratitud, en nombre del amor y la devoción. Que así sea. Amén.

Manos entrelazadas: las manos entrelazadas simbolizan el amor y la conexión emocional entre dos personas.

Oración: Oh Santa Muerte, tú que eres la protectora de las almas enamoradas, te pedimos que nos ayudes a encontrar la felicidad en el amor. Que nuestras manos entrelazadas sean símbolo de unión y amor verdadero, y que nuestro corazón esté lleno de paz y alegría. Que nuestra relación sea fuerte y duradera, y que cada día crezca el amor y la devoción. Oh Santa Muerte, protégenos de los enemigos del amor, y guíanos en nuestro camino hacia la felicidad y la armonía. Que tus bendiciones nos acompañen siempre, y que nuestros corazones estén unidos en amor y paz. Te lo pedimos con humildad y gratitud, en nombre del amor y la devoción. Que así sea. Amén.

Símbolos y Oraciones de Amor #3

Estrella de David: La Estrella de David representa el amor divino y eterno, y la conexión entre Dios y su pueblo.

Oración: Oh Santa Muerte, tú que eres la patrona de los enamorados, la guardiana de las almas y las relaciones, te pedimos que nos bendigas con tu amor y protección. Que la Estrella de David, símbolo del amor eterno, ilumine nuestros caminos y nuestros corazones, y que nos guíe hacia relaciones llenas de amor verdadero y duradero. Oh Santa Muerte, te pedimos que nos concedas la sabiduría y la paciencia, para reconocer y valorar el amor en nuestras vidas. Que tu luz y tu protección nos acompañen siempre, y que prevalezca el amor en nuestras relaciones, para que podamos disfrutar de la felicidad y la armonía. Te lo pedimos con humildad y gratitud, en nombre del amor y la devoción. Que así sea. Amén.

Paloma: la paloma es un símbolo de amor y paz. En la religión cristiana, la paloma blanca se asocia con el Espíritu Santo y el amor divino.

Oración: Oh Santa Muerte, tú que eres la protectora de nuestras almas, y la guardiana de nuestros amores, te pedimos que nos concedas la paz y la armonía en nuestras relaciones. Que la paloma, símbolo de paz y amor, inunde nuestros hogares y nuestros corazones, y que tu bendición nos proteja de los conflictos y las dificultades. Oh Santa Muerte, te pedimos que nos des la sabiduría y la paciencia, para enfrentar los desafíos y superar las pruebas del amor. Que nuestras relaciones sean bendecidas por tu luz y tu protección, y que siempre prevalezca el amor y la comprensión. Te pedimos con humildad y gratitud, en nombre de la paz y el amor. Que así sea. Amén.

Magnética y mágica, ¡Oh Esta página cargo de poder!

Símbolos y Oraciones de Amor #4

Anillos de compromiso: los anillos de compromiso son un símbolo de amor y compromiso en muchas culturas. Se utilizan para representar la promesa de amor eterno entre dos personas.

Oración: Oh Santa Muerte, tú que eres la patrona de los enamorados, y la protectora de las almas que buscan el amor verdadero, te pedimos que nos concedas tu bendición para sellar nuestro amor. Que los anillos de compromiso, símbolo de fidelidad y amor eterno, sea un reflejo de nuestro compromiso y nuestra devoción, y que tu protección y bendición nos acompañen siempre. Oh Santa Muerte, te pedimos que nos guíes en nuestro camino hacia la felicidad, y que nuestra relación esté siempre llena de amor, comprensión y respeto. Que tu luz nos ilumine en los momentos de oscuridad, y que siempre encontremos el camino de la reconciliación y la paz. Te pedimos con humildad y gratitud, en nombre del amor y la devoción. Que así sea. Amén.

Beso: el beso es una muestra de afecto y amor en muchas culturas. Representa la intimidad y la pasión.

Oración: Oh Santa Muerte, patrona de los enamorados, protectora de los corazones apasionados, te pedimos que nos concedas tu bendición para sellar nuestro amor. Que el beso, símbolo de la conexión de nuestras almas, refleje nuestro compromiso y devoción hacia el uno al otro, y que tu protección y bendición nos acompañen siempre. Oh Santa Muerte, guíanos en nuestro camino hacia la felicidad, haz que nuestra relación esté llena de amor, armonía y respeto, y que tu luz nos ilumine en los momentos de oscuridad. Que este beso sea una muestra de amor verdadero, y que nos ayude a superar cualquier obstáculo o desafío. Te pedimos con humildad y gratitud, en nombre del amor y la devoción. Que así sea. Amén.

Símbolos y Oraciones de Amor #5

Mariposas: en algunas culturas, las mariposas se asocian con el amor y la transformación. Representan la belleza y la delicadeza del amor.

Oración: Oh Santa Muerte, tú que eres la protectora de los corazones enamorados, te pedimos que nos concedas tu bendición para transformar nuestro amor. Que así como la mariposa, que pasa por una metamorfosis, nuestro amor también se transforme y crezca, haciéndose más fuerte y profundo cada día. Que tus manos santas nos protejan en este camino de transformación, que tus ojos divinos nos guíen hacia la felicidad y el amor verdadero. Oh Santa Muerte, haz que nuestra relación esté siempre llena de amor y armonía, y que nuestra unión se fortalezca con el paso del tiempo. Te pedimos con humildad y gratitud, en nombre del amor y la devoción. Que así sea. Amén.

Ángel: los ángeles se asocian con el amor divino y la protección. Se utilizan para representar el amor y la compasión.

Oración: Oh Santa Muerte, tú que eres la guardiana de nuestras vidas, y la protectora de nuestros corazones, te pedimos que nos concedas tu bendición para vivir en amor y compasión. Que como los ángeles, que simbolizan el amor divino y la protección, nos cubras con tus alas y nos guíes por el camino de la luz y el amor. Oh Santa Muerte, protege nuestro amor y nuestra vida, ayúdanos a superar cualquier obstáculo o desafío, y haz que nuestra unión sea siempre llena de amor, armonía y compasión. Que tu luz brille sobre nosotros y nos proteja, y que tu presencia divina nos acompañe siempre. Te pedimos con humildad y gratitud, en nombre del amor y la devoción. Que así sea. Amén.

Magnética y mágica, ¡Oh Esta página cargo de poder!

Símbolos y Oraciones de Amor #6

Llave y cerradura: este símbolo representa el amor como una llave que abre el corazón de alguien. La cerradura representa el corazón, y la llave simboliza el amor que lo abre.

Oración: Oh Santa Muerte, tú que eres la protectora de los corazones enamorados, te pedimos que nos concedas tu bendición para abrir el corazón de aquel que amamos. Que como la llave que abre la cerradura, nuestro amor abra el corazón de aquel que amamos, y lo llene de amor, comprensión y armonía. Oh Santa Muerte, protege nuestro amor y nuestra unión, ayúdanos a mantener nuestras mentes y corazones abiertos, para que nuestra relación florezca en amor y confianza. Que este amor sea nuestra llave para la felicidad y la plenitud, y que nuestra unión sea siempre bendecida por tu presencia divina. Te pedimos con humildad y gratitud, en nombre del amor y la devoción. Que así sea. Amén.

Símbolo del infinito: el símbolo del infinito representa la eternidad y el amor eterno entre dos personas. Simboliza la idea de que el amor nunca termina y es infinito.

Oración: Oh Santa Muerte, tú que eres la guardiana de los corazones enamorados, te pedimos que nos concedas tu bendición para que nuestro amor sea infinito. Que como el símbolo del infinito que representa la eternidad, nuestro amor sea eterno y duradero, y que nunca se agote, ni se desvanezca con el tiempo. Oh Santa Muerte, protege nuestro amor y nuestra unión, ayúdanos a mantener viva la llama de la pasión, y a superar cualquier obstáculo o desafío que se presente en nuestro camino. Que este amor sea nuestra ancla en la eternidad, y que nuestra unión sea siempre bendecida por tu presencia divina. Te pedimos con humildad y gratitud, en nombre del amor y la devoción. Que así sea. Amén.

Símbolos y Oraciones de Amor #7

Rosas: las rosas se utiliza como un símbolo universal del amor en muchas culturas. Representa la idea del amor en todas sus expresiones.

Oración a los hijos: Oh Santa Muerte, tú que eres la protectora de nuestras familias y nuestros hogares, te pedimos que nos concedas tu bendición para proteger y amar a nuestros hijos. Que como las rosas que simbolizan el amor, nuestro amor por nuestros hijos sea siempre fuerte y duradero, y que les brindemos el cuidado y la protección que necesitan. Oh Santa Muerte, guía a nuestros hijos en su camino hacia la felicidad y el éxito, protégelos de todo peligro y daño, y ayúdanos a ser los mejores padres que podamos ser. Que nuestro amor hacia ellos sea siempre como las rosas que florecen en primavera, y que siempre estemos unidos como familia, bajo tu protección divina. Te pedimos con humildad y gratitud, en nombre del amor y la devoción. Que así sea. Amén.

Tulipán rojo: el tulipán se utiliza como un símbolo del amor verdadero y profundo en muchas culturas. Representa la idea del amor sincero y duradero.

Oración a los hijos: Oh Santa Muerte, tú que eres la protectora de las familias con hijos, te pedimos que nos concedas tu bendición para fortalecer nuestro amor como familia. Que como los tulipanes que simbolizan el amor verdadero, nuestro amor sea puro y sincero, y se mantenga siempre fuerte y duradero. Oh Santa Muerte, guíanos en nuestro camino juntos, para que nuestra relación florezca como los tulipanes en la primavera, y que siempre encontremos en el otro amor, comprensión, y apoyo. Te pedimos que nos ayudes a superar las pruebas y desafíos que puedan poner a prueba nuestro amor, que protejas a nuestros hijos por donde ellos caminen y que nuestra unión sea siempre bendecida por tu presencia divina. Que así sea. Amén.

Magnética y mágica, ¡Oh Esta página cargo de poder!

Símbolos y Oraciones de Amor #8

Lirio: el lirio se utiliza como un símbolo del amor y la pureza en muchas culturas. Representa la idea de la belleza y la inocencia del amor.

Oración a la familia: Oh Santa Muerte, tú que eres la protectora de nuestras familias, te pedimos que nos concedas tu bendición para proteger y fortalecer nuestro amor familiar. Que como los lirios que simbolizan el amor y la pureza, nuestra familia sea siempre un lugar de belleza y armonía, donde el amor y la inocencia florezcan. Oh Santa Muerte, ayúdanos a cultivar un ambiente de amor, comprensión y respeto en nuestro hogar, para que nuestra familia sea un refugio seguro donde siempre podamos encontrar apoyo y consuelo. Que tu divina presencia nos guíe en el camino de la vida, y nos ayude a superar los desafíos que puedan amenazar nuestra unión. Que el amor y la pureza de los lirios siempre estén presentes en nuestra familia, y que nuestra unión sea bendecida por tu protección y cuidado. Te pedimos con humildad y gratitud, en nombre del amor y la devoción. Que así sea. Amén.

Girasol: el girasol se utiliza como un símbolo del amor y la admiración en muchas culturas. Representa la idea de la lealtad y la admiración hacia la persona amada.

Oración a la familia: Oh Santa Muerte, protectora de nuestras familias, te pedimos que nos concedas tu bendición para proteger y fortalecer nuestro amor familiar. Que como los girasoles que simbolizan el amor y la admiración, nuestra familia sea siempre un lugar de lealtad y admiración hacia los demás, donde se cultiven lazos de afecto y apoyo. Oh Santa Muerte, ayúdanos a mantener una actitud de respeto y admiración hacia nuestros seres queridos, para que nuestra familia sea un lugar de confianza y seguridad. Que tu divina presencia nos guíe en el camino de la vida, y nos ayude a superar las dificultades que puedan amenazar nuestra unión. Que el amor y la admiración de los girasoles siempre estén presentes en nuestra familia, y que nuestra unión sea bendecida por tu protección y cuidado. Te pedimos con humildad y gratitud, en nombre del amor y la devoción. Que así sea. Amén.

Orquídea: la orquídea se utiliza como un símbolo del amor y la pasión en muchas culturas. Representa la idea del amor exótico y enigmático.

Oración a los amigos: Oh Santa Muerte, protectora de nuestros amigos, te pedimos que nos concedas tu bendición para proteger y fortalecer nuestro amor y pasión por ellos. Que como las orquídeas que simbolizan el amor exótico y enigmático, nuestra amistad sea siempre un lugar de pasión, misterio y complicidad. Oh Santa Muerte, ayúdanos a mantener una actitud de apoyo y amistad verdadera, para que nuestra relación sea un lugar de alegría y confianza. Que tu divina presencia nos guíe en el camino de la amistad, y nos ayude a superar las dificultades que puedan amenazar nuestra unión. Que el amor y la pasión de las orquídeas siempre estén presentes en nuestra amistad, y que nuestra relación sea bendecida por tu protección y cuidado. Te pedimos con humildad y gratitud, en nombre del amor y la devoción. Que así sea. Amén.

Jacinto: el jacinto se utiliza como un símbolo del amor y la felicidad en muchas culturas. Representa la idea de la alegría y la felicidad que el amor puede traer.

Oración a los amigos: Oh Santa Muerte, protectora de los amigos, escucha mi súplica en este día, te ruego que me concedas tu bendición para mantener a mis amigos cerca y protegidos. Así como el jacinto simboliza la felicidad del amor, permite que la alegría y la paz estén presentes en nuestra amistad, que seamos unidos y fuertes, y que la amistad florezca como los pétalos de un jacinto. Oh Santa Muerte, te imploro por tu guía y protección, que nuestras amistades sean duraderas y llenas de amor, que nunca seamos separados por la distancia o las diferencias, y que siempre podamos contar el uno con el otro. Te ofrezco esta oración, oh poderosa Santa Muerte, en nombre de mi amistad y de todos aquellos que valoran la verdadera amistad. Que así sea.

Símbolos y Oraciones de Amor #10

 **Geranio:** el geranio se utiliza como un símbolo del amor y el deseo en muchas culturas. Representa la idea de la pasión y la intensidad del amor.

Oración a las mascotas: Oh Santa Muerte, protectora de los seres queridos, escucha mi oración por mis fieles amigos peludos, los que llenan mi vida de alegría y amor incondicional. Te pido que los cuides con tu manto sagrado, que los protejas de todo peligro y enfermedad, que los guíes hacia la felicidad y la plenitud. Que el poder del geranio, símbolo del amor y el deseo, los envuelva en su dulce fragancia y les otorgue fuerza y vitalidad, para que siempre estén a mi lado, llenando mi vida de alegría y felicidad. Que su presencia sea una bendición para mi hogar, y que siempre reciban todo el amor que merecen. Oh Santa Muerte, te ruego que escuches mi petición, y que protejas y bendigas a mis queridos amigos peludos, que son una muestra del amor incondicional que nos regalan cada día.

 **Clavel:** el clavel se utiliza como un símbolo del amor y la admiración en muchas culturas. Representa la idea de la admiración y el respeto hacia la persona amada.

Oración a las mascotas: Santa Muerte, protectora de todos los seres vivos, hoy te pido tu amor y protección para mis queridas mascotas. Con tu divina presencia, protégelos de todo mal y peligro, y llénalos de salud y bienestar. Te ruego que les concedas la fuerza y la vitalidad necesarias para disfrutar de la vida, y que siempre se sientan amados y queridos por nosotros, sus fieles compañeros. Te pido especialmente por [nombre de la mascota], para que siempre esté rodeado de tu amor y protección, y para que siempre se sienta seguro y feliz en su hogar. Oh, Santa Muerte, tu que eres el símbolo del amor y la pasión, te pido que llenes el corazón de [nombre de la mascota] con tu amor divino y lo protejas en cada momento de su vida. Con tu ayuda, que su amor y su presencia en nuestras vidas siempre sea una fuente de alegría y felicidad. Amen.

Símbolos y Oraciones de Amor #11

Azucena: la cala blanca o azucena se utiliza como un símbolo del amor y la belleza en muchas culturas. Representa la idea de la elegancia y la belleza del amor.

Oración al prójimo: Oh, Santa Muerte, protectora de todos nosotros, te pedimos que nos guíes en el camino del amor al prójimo y el servicio a los demás. Que tu luz nos ilumine y nos ayude a ver la belleza y la elegancia del amor verdadero, y que podamos ser un reflejo de esa belleza en nuestras acciones diarias. Que la cala blanca o azucena, símbolo del amor y la belleza, nos recuerde siempre que el amor verdadero es puro y bello, y que debemos amar a los demás con esa misma pureza y belleza. Danos la fuerza y el coraje para servir a los demás con todo nuestro corazón, y que nuestro amor por ellos crezca cada día más, como la flor de la cala blanca. Oh, Santa Muerte, protégenos en nuestro camino del amor y el servicio, y ayúdanos a ser siempre un reflejo de tu amor y tu bondad. Así sea.

Hortensia: la hortensia se utiliza como un símbolo del amor y la gratitud en muchas culturas. Representa la idea de la gratitud y el aprecio por la persona amada.

Oración al prójimo: Oh, Santa Muerte, protectora de todos los que aman a sus prójimos, hoy te invocamos en gratitud y amor. Al igual que la hortensia que simboliza la gratitud, te agradecemos por cada persona que has puesto en nuestro camino y por cada oportunidad que nos has brindado para servir a otros. Ayúdanos a ser fieles a tu enseñanza de amar a nuestro prójimo como a nosotros mismos y a poner en práctica el espíritu de servicio. Que podamos ser una luz en la vida de aquellos que necesitan ayuda y consuelo. Te pedimos que nos des la fuerza y la sabiduría para ser generosos y compasivos en todo momento, y que siempre tengamos presente tu ejemplo de amor y sacrificio. Santa Muerte, bendice nuestras vidas y haz que nuestro amor y servicio sean un reflejo de tu amor y misericordia. Amén.

Símbolos y Oraciones de Amor #12

 **Peonía:** la peonía se utiliza como un símbolo del amor y la prosperidad en muchas culturas. Representa la idea de la abundancia y la prosperidad que el amor puede traer.

Oración amor a uno mismo: Amada Santa Muerte, en este día acudo a ti en busca de tu sabiduría y tu amor. Te pido que me ayudes a amarme a mí mismo/a, a reconocer mi propia valía y a valorarme como merezco. Que la flor de la peonía, símbolo del amor y la prosperidad, me guíe en mi camino hacia una vida llena de abundancia y satisfacción. Te pido que me des la fuerza y la determinación para superar mis miedos e inseguridades, y que me enseñes a confiar en mi capacidad de lograr mis metas y objetivos. Que cada día despierte con la certeza de que merezco lo mejor, y que mi amor propio sea la base sólida sobre la cual construyo mi vida. Amada Santa Muerte, te agradezco por tu amor y protección, y por ayudarme a cultivar un amor verdadero y duradero por mí mismo/a. Que así sea.

 **Narciso:** el narciso se utiliza como un símbolo del amor propio y la autoestima en muchas culturas. Representa la idea de amarse a uno mismo para poder amar a los demás.

Oración amor a uno mismo: Amada Santa Muerte, En este día te pido que me muestres el camino del amor propio y la autoestima. Ayúdame a amarme y valorarme como merezco, para poder amar y valorar a los demás. Ayúdame a entender que en la medida que yo pueda amarme a mí mismo/a, será en la misma medida que los demás podrán amarme a mí y yo amarlos a ellos. Que el perfume del narciso impregne mi ser y me recuerde la importancia de cultivar mi amor propio. Que mi corazón se llene de alegría y confianza en mí mismo(a), y que pueda irradiar esa misma energía a quienes me rodean. Gracias, mi Santa Muerte, por tu guía y protección en el camino del amor hacia uno mismo. Que así sea.

Altar "Llama Clientes"

Había una vez un hombre llamado Carlos que tenía un pequeño negocio de comida en una zona turística. A pesar de estar ubicado en un lugar concurrido, su negocio no tenía mucho éxito y la clientela era escasa. Carlos estaba preocupado, ya que su negocio era su única fuente de ingresos y no sabía cómo aumentar la clientela.

Un día, Carlos habló con una amiga cercana que le sugirió que pusiera un altar a la Santa Muerte en su negocio. Ella le contó que había escuchado historias de personas que pusieron altares y sus negocios florecieron.

Al principio, Carlos dudaba de la idea, ya que no estaba familiarizado con la tradición de la Santa Muerte y no quería ofender a nadie. Pero finalmente decidió probarlo, ya que no tenía nada que perder.

Carlos fue a una tienda esotérica y compró lo necesario para implementar un pequeño altar, algunas velas y una imagen de la Santa Muerte. La colocó en un lugar estratégico en su negocio y comenzó a hacer ofrendas regulares, pidiéndole a la Santa Muerte que bendijera su negocio y trajera más clientes.

Poco a poco, las cosas comenzaron a cambiar. Carlos notó que más y más personas comenzaron a entrar en su negocio, y las ventas aumentaron significativamente. Incluso algunos clientes le preguntaron sobre el altar y le preguntaron si podían hacer ofrendas también.

Con el tiempo, Carlos se convirtió en un devoto de la Santa Muerte y atribuyó su éxito a su ayuda. Siempre fue agradecido y continuó haciendo ofrendas regularmente para mantener la buena fortuna en su negocio.

Desde entonces, Carlos nunca volvió a tener un problema de poca clientela y su negocio floreció como nunca antes. Se sintió agradecido y bendecido por la Santa Muerte y siempre compartió su historia con otros que se encontraban en situaciones similares.

Magnética y mágica, ¡Oh Esta página cargo de poder!

Símbolos y Oraciones de Buena Suerte y Dinero

Aquí encontrarás todos los elementos cuya energía representa Dinero, Prosperidad en el Negocio o en el Empleo. Bienestar económico, posesiones materiales, herencias, ahorros y todo lo relacionado al tema, con sus respectivos rezos.

Símbolos y Oraciones de Buena Suerte y Dinero #1

Monedas de oro: las monedas de oro se utilizan como un símbolo de riqueza y prosperidad. En muchas culturas, se cree que tener monedas de oro atrae la buena fortuna y la abundancia.

Oración Prosperidad Negocio: Oh Santa Muerte, protectora de los negocios, te pido tu bendición y protección para mi empresa y mis inversiones. Que el brillo de las monedas de oro ilumine mi camino hacia la prosperidad, que su valor sea el símbolo de mi éxito. Ayúdame a atraer la buena fortuna y la abundancia a mi negocio, que cada transacción sea fructífera y cada esfuerzo se traduzca en ganancia. Que mi negocio florezca y se convierta en una fuente de bienestar para mi familia y para mí. Oh Santa Muerte, escucha mi petición y concédeme la prosperidad que tanto anhelo. Amén.

Billetes: los billetes de dinero también se utilizan como un símbolo de prosperidad y riqueza. Se cree que tener billetes de dinero en casa atrae la buena fortuna y la abundancia.

Oración Dinero Ráapido: Oh Santa Muerte, protectora y guía de mi vida, te pido humildemente que me ayudes a atraer la abundancia y el dinero a mi vida de manera rápida y efectiva. Te pido que me bendigas con tu poder divino y me ayudes a atraer los billetes de dinero hacia mí, para que pueda cubrir mis necesidades y las de mi familia. Que tu luz brille en mi camino y me guíe hacia la prosperidad, y que tu protección me resguarde de cualquier obstáculo en mi camino. Que la energía de los billetes de dinero fluya hacia mí, y que yo pueda utilizarlos para hacer el bien en este mundo. Te agradezco, Santa Muerte, por escuchar mis plegarias, y confío en tu poder y en tu amor infinito. Amén.

Magnética y mágica, ¡Oh Esta página cargo de poder!

Símbolos y Oraciones de Buena Suerte y Dinero #2

 **Hucha o alcancía:** la hucha o alcancía se utiliza como un símbolo de ahorro y prosperidad. Simboliza la idea de que ahorrar dinero es la clave para la riqueza y la prosperidad.

Bendición a la Cartera: Santa Muerte, protectora mía, te pido que bendigas mi cartera cada día, llénala de prosperidad y abundancia, que nunca falte dinero en mi vida cotidiana. Con el símbolo de la hucha en mi mente, te pido que me ayudes a ahorrar y ser consciente, de cada centavo que entra y sale de mi bolsillo, que siempre tenga lo necesario para vivir tranquilo. Con tu poder y tu gracia, oh Santa Muerte, te pido que bendigas mi cartera en toda suerte, que el dinero fluya en mi vida sin cesar, y que la prosperidad nunca deje de abundar. Te doy gracias por tu protección y ayuda constante, y confío en que siempre estarás presente, en cada paso que dé en mi camino de la vida, y en cada momento de necesidad aguda y crítica. Amén.

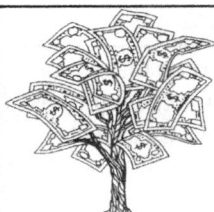 **Árbol del dinero:** en la cultura china, el árbol del dinero se utiliza como un símbolo de prosperidad y buena fortuna. Se cree que tener un árbol del dinero en casa atrae la riqueza y la prosperidad.

Bendición a la Familia: Oh, Santa Muerte bendita, te pedimos hoy tu ayuda divina para bendecir y prosperar nuestra familia, como el árbol del dinero en la cultura china. Que tu luz y tu gracia divina nos guíen en el camino hacia la riqueza, y que nuestros hogares siempre estén llenos de alegría, amor, y abundancia en la vida. Que nuestros negocios prosperen, que nuestro trabajo sea fructífero, y que nuestros esfuerzos sean recompensados con riqueza y prosperidad divina. Te pedimos, Santa Muerte, que nos bendigas y protejas siempre, y que nuestras vidas estén llenas de tu amor, de tu luz, y de tu divina prosperidad. Amén.

Símbolos y Oraciones de Buena Suerte y Dinero #3

Rana de la fortuna: en la cultura china, la rana de la fortuna se utiliza como un símbolo de riqueza y prosperidad. Se cree que tener una rana de la fortuna en casa atrae la buena fortuna y la abundancia.

Oración Juegos de Azar: Santa Muerte poderosa, te pido con fervor, Que me otorgues tu bendición y favor, Para que en los juegos de azar, la fortuna me sonría, Y la riqueza y prosperidad, lleguen a mi vida cada día. Así como la rana de la fortuna, Trae consigo la riqueza y la fortuna, Que también llegue a mí su buena suerte, Y que en mi vida no falte la abundancia ni la prosperidad, en cualquier situación que se presente. Santa Muerte, te pido que me guíes y me protejas, Y que me lleves siempre por el camino correcto, Para que la buena suerte nunca me falte, Y que siempre cuente con tu amor y respeto. Que así sea, con la ayuda de la rana de la fortuna, Que siempre esté presente la abundancia y la fortuna, Para que nunca falte en mi vida la prosperidad, Y así poder compartir con otros y dar gracias a la divinidad.

Herradura: la herradura se utiliza como un símbolo de buena suerte y prosperidad en muchas culturas. Se cree que tener una herradura en casa atrae la buena fortuna y la prosperidad.

Oración de Prosperidad: Oh Santa Muerte, protectora de los humildes y desprotegidos, Te ruego que bendigas mi hogar con tu gracia divina, Y que traigas la prosperidad y el bienestar a mi vida. Que el símbolo de la herradura, que representa la buena suerte y la prosperidad, Esté presente en mi hogar para atraer la fortuna y la abundancia. Que mi familia y yo estemos siempre bendecidos con todo lo que necesitamos, Que no nos falte el alimento, el dinero ni la felicidad. Que la herradura sea nuestro amuleto de la suerte, Y que su magia nos acompañe siempre en nuestro camino. Te ruego que escuches mi oración, oh Santa Muerte, Y que nos concedas la prosperidad y el bienestar que tanto anhelamos. Amén.

Símbolos y Oraciones de Buena Suerte y Dinero #4

Diamantes: los diamantes se utilizan como un símbolo de riqueza y prosperidad en muchas culturas. Representan el valor y la fortuna.

Bendición al País y Vecindario: Oh, Santa Muerte, protectora de nuestras vidas, te pido hoy en este rezo por mi país y mi vecindario, que la prosperidad y la riqueza lleguen a cada hogar, como diamantes brillantes que iluminan el camino. Que la abundancia sea para todos, que cada persona tenga lo necesario para vivir, que el valor y la fortuna se multipliquen en cada esquina, que la pobreza y la escasez se alejen de nosotros. Te pido, Santa Muerte, que guíes a nuestros líderes, para que trabajen en pro de la prosperidad común, para que nuestras comunidades florezcan y crezcan, y para que la riqueza se comparta en igualdad. Que este rezo llegue a ti con fuerza y determinación, que seamos bendecidos con la prosperidad y la abundancia, como los diamantes más preciosos y brillantes, para que nuestra vida sea plena y llena de alegría. Amén.

Trébol de cuatro hojas: el trébol de cuatro hojas se utiliza como un símbolo de buena suerte y prosperidad. Se cree que tener un trébol de cuatro hojas atrae la buena fortuna y la abundancia.

Oración de Buena Suerte: Oh, Santa Muerte, protectora de nuestros caminos, te imploro hoy para que me concedas tu bendición. Que el trébol de cuatro hojas sea mi amuleto de suerte, y que en todo lo que haga, la buena fortuna me acompañe. Que mi vida se llene de prosperidad y felicidad, que mi hogar esté rodeado de armonía y paz, y que siempre tenga lo necesario para vivir con dignidad. Que mi trabajo sea próspero y fructífero, y que los negocios florezcan gracias a tu ayuda divina. Te pido, Santa Muerte, que nunca me abandones, que siempre me acompañes en mi camino, y que seas mi guía en todo momento. Gracias por tu protección y bendición, que así sea.

Símbolos y Oraciones de Buena Suerte y Dinero #5

 **Cerdito:** el cerdito se utiliza como un símbolo de ahorro y prosperidad. Representa la idea de que ahorrar dinero es la clave para la riqueza y la prosperidad.

Oración Hogar y Prosperidad: Oh Santa Muerte, hoy me acerco a ti con humildad y devoción para pedirte que bendigas mi hogar con prosperidad y abundancia. Te pido que me ayudes a ser sabio y prudente en mis decisiones financieras, y que me guíes en el camino del ahorro y la inversión inteligente. Que el símbolo del cerdito, que representa la prosperidad y la abundancia, esté presente en mi hogar y en mi vida. Que siempre tenga lo necesario para cubrir mis necesidades y las de mi familia, y que nunca falte el sustento diario. Te pido que me ayudes a atraer la riqueza y la prosperidad a mi hogar, y que todas mis actividades económicas sean exitosas y prósperas. Que mi hogar sea un lugar de paz y armonía, donde reine la abundancia y la felicidad. Gracias, Santa Muerte, por escuchar mi oración y por bendecir mi hogar con prosperidad y abundancia. Que así sea.

 **Lingote de oro:** el lingote de oro se utiliza como un símbolo de riqueza y prosperidad. Representa el valor y la abundancia.

Bendición Para Mis Amigos: Oh poderosa Santa Muerte, tú que eres dueña de la abundancia, te pido que derrames sobre mí y mis amigos un flujo constante de dinero y prosperidad. Te pido que bendigas nuestros trabajos y nuestras acciones para que sean fructíferos y nos permitan recibir el dinero que necesitamos para cumplir nuestros sueños y metas. Te pido que nos otorgues el poder del lingote de oro, que simboliza la riqueza y la abundancia, para que podamos disfrutar de una vida plena y ayudar a aquellos que nos rodean. Oh Santa Muerte, te imploro que escuches mi petición y que nos guíes hacia la prosperidad y el éxito, siempre con tu protección y tu sabiduría divina. Así sea.

Magnética y mágica, ¡Oh Esta página cargo de poder!

Buda de la riqueza: en la cultura china, el Buda de la riqueza se utiliza como un símbolo de prosperidad y buena fortuna. Se cree que tener un Buda de la riqueza en casa atrae la riqueza y la prosperidad.

Oración Llama Clientes: Santa Muerte, amada protectora, hoy te pido con toda mi fe, que me ayudes a llamar clientes, a mi negocio que tanto quiero ver crecer. Encomiendo a tu cuidado, este sueño que llevo en mi corazón, que los clientes lleguen a mi puerta, y que mi negocio florezca con pasión. Buda de la riqueza, símbolo de abundancia, te pido que a mi negocio le des prosperidad, que las ventas se multipliquen, y que la clientela no deje de llegar. Te pido también que me des sabiduría, para saber llevar mi negocio en la dirección correcta, para que mi éxito sea duradero, y que mi negocio sea siempre una fuente de alegría y bienestar. Santa Muerte, te agradezco por escuchar mi petición, porque sé que tú siempre estás conmigo, confío en tu ayuda y en tu protección, y sé que pronto veré mi negocio florecido.

Números de la suerte: en muchas culturas, ciertos números se consideran de buena suerte y se utilizan como un símbolo de prosperidad. Por ejemplo, el número ocho se considera de buena suerte en la cultura china.

Bendición al Dinero Inesperado: Oh, Santa Muerte, que guías nuestros caminos, te pido hoy tu ayuda para atraer la suerte, y que el dinero fluya hacia mi hogar con la fuerza de los números de la fortuna. Que el ocho, símbolo de prosperidad, ilumine mi vida y traiga la riqueza, que el cinco, símbolo de cambios inesperados, me sorprenda con dinero inesperado. Que la buena fortuna me acompañe siempre, y que el dinero llegue sin detenerse, que la prosperidad me rodee y me sostenga, y que nunca me falte la bendición divina. Que así sea, Santa Muerte, que así sea. Amen.

Albahaca: la albahaca se utiliza como un símbolo de prosperidad y abundancia en muchas culturas. Representa la idea de la prosperidad financiera y el éxito.

Bendición a la Cartera: Oh Santa Muerte, protectora de mi vida, te imploro tu bendición para mi cartera querida. Que en ella nunca falte la prosperidad, y el éxito en mi camino siempre esté en verdad. Te ofrezco esta albahaca como símbolo de mi fe, para que bendigas mis finanzas y mi seguridad. Con ella te pido que nunca me falte, y que el dinero fluya en mi vida sin parar. Que cada billete en mi cartera multiplique su valor, y que nunca me falte lo necesario para vivir. Que siempre tenga lo suficiente y un poco más, para ayudar a los demás y hacerles feliz. Oh Santa Muerte, bendice mi cartera con tu poder, y haz que nunca me falte lo necesario para sobrevivir. Que la albahaca sea mi símbolo de prosperidad, y que el éxito y la abundancia siempre estén conmigo sin final. Amén.

Menta: la menta se utiliza como un símbolo de prosperidad y riqueza en muchas culturas. Representa la idea de la prosperidad financiera y la estabilidad.

Bendición al Dinero Inesperado: Oh, Santa Muerte, protectora de la prosperidad y la abundancia, te ruego que me ayudes a atraer fuentes inesperadas de ingresos. Que la frescura de la menta impregne mi vida financiera, que mis recursos sean constantes y nunca falten. Permíteme ver oportunidades que me lleven a la estabilidad, y dame la fuerza para aprovecharlas con sabiduría. Con tu bendición, Santa Muerte, el éxito económico llegará a mi vida, y así podré vivir sin preocupaciones y con la tranquilidad que merezco. Que así sea. Amen.

Salvia: la salvia se utiliza como un símbolo de prosperidad y sabiduría en muchas culturas. Representa la idea de la prosperidad financiera y la sabiduría para tomar decisiones sabias.

Oración Prosperidad en Negocios: Oh poderosa Santa Muerte, con tu presencia divina, te pido que bendigas mi negocio, y que la prosperidad fluya constante y patente en él. Te ruego que me des la sabiduría, para tomar decisiones acertadas, y que me ayudes a encontrar oportunidades, para el crecimiento y la estabilidad financiera. Que la salvia sea mi guía, para alcanzar la prosperidad y el éxito, y que mi negocio sea próspero y florezca, con la ayuda de tu gran poder. Que así sea. Amén.

Tomillo: el tomillo se utiliza como un símbolo de prosperidad y buena suerte en muchas culturas. Representa la idea de la prosperidad financiera y la buena suerte en los negocios.

Oración Prosperidad en el Hogar: Amada Santa Muerte, protectora de mi hogar, te ruego que bendigas mi hogar con prosperidad y buena fortuna. Que la fragancia del tomillo atraiga la prosperidad financiera y la buena suerte en mis emprendimientos y negocios. Que mi hogar sea un refugio de paz y abundancia, y que siempre haya suficiente para cubrir nuestras necesidades. Bendice mi hogar con tu presencia divina, y que tus bendiciones se manifiesten en todo lo que emprendamos. Te pido, Santa Muerte, que protejas a mi familia y que nos guíes por el camino de la prosperidad y la felicidad. Gracias por escuchar mi petición y por bendecir mi hogar con tu amor y luz divina. Amén.

Romero: el romero se utiliza como un símbolo de prosperidad y éxito en muchas culturas. Representa la idea de la prosperidad financiera y el éxito en los negocios.

Oración Llama Clientes: Oh, Santa Muerte, poderosa y milagrosa, escucha mi súplica y atiende mi llamado, te pido que me concedas la gracia de atraer a mi negocio muchos clientes. Con tu bendición y poder divino, permite que mi negocio sea próspero y exitoso, y que los clientes lleguen con facilidad, guiados por tu luz y protección. Te ofrezco esta oración con humildad y devoción, y te pido que me brindes tu ayuda y protección, para que pueda alcanzar el éxito y la prosperidad, y continuar adorando tu sagrado nombre. Con el poder del romero y tu bendición, Santa Muerte, te agradezco por concederme esta petición, y confío en que con tu ayuda, mi negocio prosperará. Que así sea. Amen.

Orégano: el orégano se utiliza como un símbolo de prosperidad y abundancia en muchas culturas. Representa la idea de la prosperidad financiera y la abundancia en la vida.

Rezo del Buen Dormir: Oh Santa Muerte, protectora de nuestras vidas, te pido que me concedas un buen dormir, que el orégano que simboliza la prosperidad y la abundancia, me brinde un sueño profundo y reparador. Que yo tenga dinero en mi vida para cubrir todos mis gastos y ahorrar, y que pueda dormir sin pendiente alguno. Que mi mente se libere de preocupaciones y temores, y que pueda descansar plenamente para resolver al día siguiente todo lo que sea necesario. Que la energía del orégano me rodee y me brinde su protección, y que mi descanso me ayude a alcanzar la prosperidad y el éxito en mi vida. Te pido, oh Santa Muerte, que me bendigas con el sueño reparador que necesito, y que esta noche pueda descansar en tu amorosa presencia. Gracias por escuchar mis plegarias y por protegerme siempre. Así sea.

Símbolos y Oraciones de Buena Suerte y Dinero #10

Canela: la canela se utiliza como un símbolo de prosperidad y riqueza en muchas culturas. Representa la idea de la prosperidad financiera y la riqueza en la vida.

Oración Dinero Rápido: Santa Muerte, poderosa protectora, escucha mi rezo con amor y fe, en este momento de necesidad, te pido que me ayudes a atraer dinero rápido y abundante, usando el poder de la canela. Que el aroma de la canela despierte en mí la energía de la prosperidad, y que atraiga hacia mí las oportunidades que necesito para prosperar. Que el poder de la Santa Muerte me permita recibir dinero rápido y en abundancia, y que este dinero llegue de fuentes inesperadas. Te pido que me bendigas con tu gracia, y me ayudes a alcanzar la prosperidad y la abundancia que merezco. Que así sea.

Clavo: el clavo se utiliza como un símbolo de prosperidad y éxito en muchas culturas. Representa la idea de la prosperidad financiera y el éxito en los negocios.

Bendición al País y Vecindario: Oh Santa Muerte, protectora de nuestras vidas, bendice a nuestro país y vecindario, con tu gracia y tu poder divino. Que el clavo, símbolo de prosperidad y éxito, nos traiga la riqueza y la abundancia, en nuestros negocios y nuestras vidas. Que tu luz guíe nuestros pasos, y tu amor nos acompañe en todo momento, para que podamos alcanzar nuestros sueños, y vivir en paz y armonía. Te pedimos tu protección y tu bendición, para que nuestra comunidad florezca, y nuestros corazones estén llenos de alegría. Gracias, Santa Muerte, por escuchar nuestra petición, y por estar siempre a nuestro lado. Amén.

Símbolos y Oraciones de Buena Suerte y Dinero #11

Anís: el anís se utiliza como un símbolo de prosperidad y buena suerte en muchas culturas. Representa la idea de la prosperidad financiera y la buena suerte en los negocios.

Bendición al Negocio Nuevo: Oh Santa Muerte, protectora de los negocios y la prosperidad, te imploro que bendigas mi nuevo emprendimiento con tu poderosa presencia y tu gracia divina. Que tu luz guíe mi camino hacia el éxito y la abundancia, y que el anís, símbolo de prosperidad y buena suerte, sea mi amuleto de fortuna en este negocio. Que cada día sea bendecido con nuevas oportunidades, clientes y colaboradores fieles que se sumen a mi proyecto. Que la prosperidad financiera y la estabilidad sean mis compañeros y que nunca falte la abundancia y la satisfacción. Que tu poderosa energía de protección y prosperidad cubra mi negocio y lo haga prosperar. Te ofrezco mi fe y mi gratitud, oh Santa Muerte, y te pido que escuches mi rezo y lo hagas realidad. ¡Así sea!

Eucalipto: el eucalipto se utiliza como un símbolo de prosperidad y crecimiento en muchas culturas. Representa la idea de la prosperidad financiera y el crecimiento en los negocios.

Bendición al Negocio en Casa: Oh Santa Muerte, protectora de la vida y de la muerte, te pido que bendigas mi negocio en casa, que tu poderosa mano lo llene de prosperidad y crecimiento, que cada día lleguen nuevos clientes y se multipliquen las ganancias. Te pido que el aroma del eucalipto, símbolo de prosperidad y crecimiento, inunde mi hogar y mi negocio, y que su energía me brinde sabiduría y claridad para tomar las mejores decisiones. Que tu amor y tu guía me acompañen siempre, y que mi negocio en casa florezca y se expanda, llenándome de abundancia y satisfacción. Gracias, Santa Muerte, por tu eterna protección, y por escuchar mi humilde petición. Amén.

Magnética y mágica, ¡Oh Esta página cargo de poder!

Símbolos y Oraciones de Buena Suerte y Dinero #12

Hierbabuena: la hierbabuena se utiliza como un símbolo de prosperidad y riqueza en muchas culturas. Representa la idea de la prosperidad financiera y la riqueza en la vida.

Oración de Prosperidad: Oh Santa Muerte, protectora y guía, te imploro que bendigas mi vida y mi hogar, con la fuerza y el poder de la hierbabuena, que simboliza la prosperidad y la riqueza. Que el aroma de la hierbabuena inunde mi ser, y me llene de energía y motivación, para lograr la prosperidad financiera, y alcanzar mis objetivos y metas. Que mi hogar esté siempre lleno de abundancia, y que mi vida sea próspera y plena, con la bendición de la Santa Muerte, y la fuerza de la hierbabuena. Amén.

Hinojo: el hinojo se utiliza como un símbolo de prosperidad y abundancia en muchas culturas. Representa la idea de la prosperidad financiera y la abundancia en la vida.

Oración Para Pedir Puntualidad en Pagos: Oh poderosa Santa Muerte, te pido tu bendición para poder pagar mis cuentas a tiempo, que el dinero nunca me falte y que pueda tener la prosperidad y la abundancia en mi vida. Que el hinojo sea mi símbolo de prosperidad, que me guíe hacia la riqueza y la estabilidad financiera. Bendice mis finanzas y ayúdame a ser responsable con mis gastos, para que pueda tener tranquilidad y seguridad en mi hogar. Te pido tu ayuda para poder salir adelante y superar cualquier obstáculo, confío en tu poder y en tu protección, y sé que con tu guía, todo será posible. Gracias, Santa Muerte, por tu bendición y tu amor infinito. Amén.

Oración de Protección

Había una vez un hombre llamado Eduardo que tenía un trabajo que lo llevaba a viajar constantemente por carretera. A pesar de que le gustaba su trabajo, a menudo se sentía ansioso y preocupado por su seguridad en la carretera, ya que sabía que los viajes frecuentes aumentaban las posibilidades de tener un accidente.

Una noche, antes de salir en su próximo viaje, Eduardo decidió encender una vela y hacer una ofrenda a la Santa Muerte para pedirle protección en su camino. Él había oído hablar de los muchos milagros que la Santa Muerte había realizado por otros viajeros y decidió poner su fe en ella.

Eduardo encendió una vela roja y colocó una imagen de la Santa Muerte en un pequeño altar improvisado en su habitación. Él hizo una oración y le pidió a la Santa Muerte que lo protegiera en su viaje. También le prometió ofrecerle una ofrenda cuando regresara a casa.

Cuando Eduardo comenzó su viaje, se sintió más tranquilo y confiado en la carretera. Él pensó en la Santa Muerte y en su fe en ella. Cada vez que se encontraba con situaciones difíciles en la carretera, como tráfico pesado o tormentas, pedía la protección de la Santa Muerte y se sentía más seguro.

Después de varios días de viaje, Eduardo finalmente regresó a casa sano y salvo. En agradecimiento, cumplió su promesa y ofreció una ofrenda a la Santa Muerte. Desde entonces, Eduardo siempre encendía una vela y hacía una oración a la Santa Muerte antes de iniciar cualquier viaje, y siempre se sentía protegido y seguro en el camino.

Magnética y mágica, ¡Oh Esta página cargo de poder!

Símbolos y Oraciones de Protección

Aquí encontrarás todos los elementos cuya energía representa Protección: en el camino, en casos de corte, frente a un rival o enemigo, frente a fuerzas ocultas o en cualquier momento del día o de la noche que quieras invocar una sensación de absoluta seguridad, así como las oraciones que puedes usar en cada situación.

Símbolos y Oraciones de Protección #1

Ojo de Horus: en la mitología egipcia, el Ojo de Horus simboliza la protección, la salud y el poder divino.

Oración a los hijos: Santa Muerte, protectora de los seres queridos, imploro tu protección para mis hijos amados. Que tu divino manto los cubra y los defienda, y que nunca se separen de tu presencia amorosa. Encomiendo a tus manos poderosas el cuidado de mis hijos en todo momento y lugar, y te ruego que los protejas de todo mal y peligro que pueda acecharlos en su camino. Que el Ojo de Horus brille sobre ellos y les brinde la protección, la salud y el poder divino que necesitan para enfrentar las adversidades y salir victoriosos de cualquier situación difícil. Santa Muerte, te pido que les des la fuerza y la sabiduría para tomar las mejores decisiones, y que siempre les muestres el camino hacia la luz y la verdad, para que puedan crecer y prosperar. Te doy gracias por tu amor y tu protección, y te pido que siempre bendigas a mis hijos y los guíes hacia un futuro lleno de éxito, abundancia y felicidad. Amén.

Trébol de cuatro hojas: el trébol de cuatro hojas se asocia con la buena suerte y la protección contra la mala fortuna.

Oración Protección a los Hijos: Oh Santa Muerte, protectora de nuestros hijos, te imploramos tu ayuda y tu poder divino. Que tu luz nos guíe y proteja de todo mal, y que tu presencia nos brinde paz y seguridad. En este momento de incertidumbre y peligro, te pedimos que envíes tu bendición y protección sobre nuestros hijos, para que estén a salvo de cualquier daño o amenaza que pueda acechar. Que el trébol de cuatro hojas sea su amuleto que les otorgue la buena suerte y la protección divina, y que siempre los guíe hacia el camino del bien. Oh Santa Muerte, te pedimos que nos protejas y nos bendigas con tu presencia divina, para que siempre estemos seguros y protegidos bajo tu poderosa mirada. Amén.

Magnética y mágica, ¡Oh Esta página cargo de poder!

Símbolos y Oraciones de Protección #2

Ancla: el ancla se utiliza para representar la seguridad y la estabilidad en situaciones difíciles. Simboliza la protección contra la tormenta y el peligro.

Oración Protección a la Familia: Oh Santa Muerte, protectora de nuestras vidas y nuestras familias, hoy te pedimos que nos envíes tu bendición y protección. Al igual que un ancla que mantiene un barco seguro en medio de una tormenta, te pedimos que nos mantengas firmes en tiempos de peligro y dificultad. Que el simbolismo del ancla nos recuerde que siempre podemos confiar en ti, que siempre estás con nosotros para guiarnos y protegernos. Que nuestros hogares y nuestros seres queridos estén siempre protegidos y seguros bajo tu cuidado amoroso. Te pedimos que nos ayudes a superar cualquier obstáculo o peligro que pueda amenazar nuestra seguridad, y que nos concedas la fortaleza y la sabiduría para mantenernos firmes y seguros en ti. Oh Santa Muerte, te agradecemos por tu constante protección y por todo lo que haces por nosotros y nuestras familias. Que siempre te honremos y te respetemos como nuestra protectora divina. Amén.

Pentagrama: en la cultura pagana, el pentagrama se utiliza como un símbolo de protección y poder. Representa la conexión con lo divino y la protección contra el mal.

Oración Protección a la Familia: Oh Santa Muerte, protectora de nuestras vidas y nuestros hogares, te pedimos que nos cubras con tu manto de luz y nos protejas de todo mal. En particular, te pedimos que protejas a nuestra familia de cualquier peligro o amenaza que pueda presentarse en nuestro camino. Por favor protégenos cuando estamso juntos y también cuando nos separamos para hacer nuestras respectivas actividades. Te pedimos que nos envíes la energía del pentagrama, un símbolo de protección y poder, para fortalecernos y mantenernos a salvo. Permítenos sentir tu presencia y tu amor en todo momento, para que podamos vivir nuestras vidas con confianza y tranquilidad. Gracias, Santa Muerte, por tu protección y cuidado. Amén.

Símbolos y Oraciones de Protección #3

Árbol de la vida: el árbol de la vida simboliza la fuerza y la protección en muchas culturas. Representa la conexión entre lo divino y la tierra.

Oración de Protección en el Camino: Oh Santa Muerte, protectora de los viajeros, te imploro que me brindes tu protección en el camino. Que el árbol de la vida me envuelva con su fuerza, y me guíe por un camino seguro y lleno de bendiciones. Que la conexión entre lo divino y la tierra me brinde la sabiduría y la intuición para tomar decisiones correctas, y que mi trayecto esté libre de peligros y obstáculos. Te pido, Santa Muerte, que me rodees con tu manto de protección, y que me guíes hacia mi destino de manera segura y sin contratiempos. Gracias por tu constante protección y cuidado en mi vida. Amén.

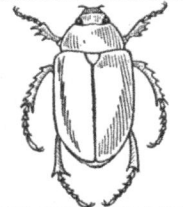

Escarabajo: en la cultura egipcia, el escarabajo representa la protección y la renovación. Se cree que el escarabajo era un símbolo de la resurrección y la vida eterna.

Oración de Protección en el Camino: Oh Santa Muerte, protectora de los viajeros, te ruego que me guíes y me protejas en mi camino. Que tu presencia sea mi escudo contra el peligro y tu fuerza sea mi guía en cada paso que dé. Que así como el escarabajo renueva su vida y se protege a sí mismo en su caparazón, también yo renueve mi fortaleza y protección en tu presencia y en tu poder divino. Que cada vez que me encuentre en el camino, sienta tu protección y tu amor y que ninguna adversidad pueda detener mi camino con tu fuerza y protección, Santa Muerte. Amén.

Símbolos y Oraciones de Protección #4

 **Ajo:** el ajo se utiliza en muchas culturas como un amuleto o talismán para la protección y la limpieza. Su aroma fuerte y penetrante se considera purificador y protector contra los espíritus malignos, el mal de ojo y otros males físicos.

Oración de Protección al Negocio: Oh, poderosa Santa Muerte, protectora de los negocios, te imploro que me cubras con tu manto de protección, y que me rodees con la fuerza del ajo, símbolo de protección y limpieza en muchas culturas. Que su aroma fuerte y penetrante me purifique y me proteja, contra los espíritus malignos, el mal de ojo y otros males físicos, y que me ayude a mantener mi negocio a salvo de cualquier peligro. Te pido que me guíes y me protejas en todo momento, para que mi negocio florezca y prospere, y para que pueda continuar sirviendo a mi comunidad con integridad y honor. Que así sea. Amén.

 **Cruz:** la cruz se utiliza como un símbolo de protección en muchas religiones. Representa la conexión con lo divino y la protección contra el mal.

Oración de Protección al Negocio: Oh Santa Muerte, protectora de nuestras vidas y bienestar, te imploro que me ayudes a proteger mi negocio con el poder de la cruz. Que su simbolismo sagrado me proteja de los peligros y obstáculos que se presenten en mi camino empresarial. Que su conexión divina me brinde la fuerza y el coraje para superar cualquier adversidad y me ayude a alcanzar el éxito en mis esfuerzos. Que la cruz sea mi escudo protector contra todo mal, y que tu presencia divina me acompañe siempre en mi camino empresarial. Por lo tanto, encomendar nuestro negocio a la Santa Muerte y utilizar estos símbolos de protección puede ser una poderosa forma de fortalecer nuestra seguridad y prosperidad en el trabajo. Al hacerlo, estamos pidiendo protección divina y energías positivas que nos ayuden a alcanzar nuestros objetivos y a superar cualquier obstáculo en el camino. Que la Santa Muerte nos guíe y nos proteja en nuestro camino hacia el éxito y la prosperidad en el mundo de los negocios. Amén

Símbolos y Oraciones de Protección #5

Mano de Fátima: este amuleto se utiliza en la cultura islámica para proteger contra la envidia y el mal de ojo.

Oración de Protección a las Propiedades: Amada Santa Muerte, te pido que me protejas y protejas mi hogar, mi coche y todas mis posesiones. Que la Mano de Fátima sea mi amuleto de protección contra la envidia y el mal de ojo. Que tanto yo como mi familia y todo lo que con tanto esfuerzo hemos logrado, esté protegido bajo tu amparo. Que tu manto sagrado nos cubra y nos mantenga alejados de toda mala energía y peligro. Que la paz y la armonía prevalezcan en nuestro hogar y que siempre estemos a salvo y protegidos por tu amoroso cuidado. Amén.

Llave: la llave se utiliza como un símbolo de protección contra el mal en muchas culturas. Simboliza el poder de cerrar y proteger.

Oración de Protección a las Propiedades: Oh Santa Muerte, protectora de nuestras posesiones y hogares, te pedimos que nos bendigas y protejas con tu poder divino. Te imploramos que coloques tu mano sobre nuestra casa, coche y demás propiedades, y que las protejas de cualquier daño o mal que pudiera acecharlas. Que la llave sea nuestro símbolo de protección, cerrando la puerta a la envidia, la mala suerte y los peligros que pudieran surgir. Que el poder de la llave mantenga nuestras posesiones seguras y protegidas. Y así, bajo tu amorosa mirada, viviremos en paz y seguridad, sintiendo tu protección y bendición en cada rincón de nuestras vidas. Te pedimos que nos concedas esta petición, en el nombre de la Santa Muerte, amén.

Magnética y mágica, ¡Oh Esta página cargo de poder!

Símbolos y Oraciones de Protección #6

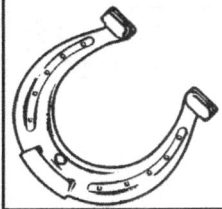

Herradura: la herradura se utiliza como un símbolo de protección y buena suerte en muchas culturas. Se cree que la herradura ahuyenta la mala energía y atrae la buena fortuna.

Oración de Protección en Caso de Corte: Oh poderosa Santa Muerte, protectora de los desamparados y necesitados, hoy vengo ante ti en busca de tu protección divina. Te pido que me protejas en este momento de adversidad, enfrentando un caso legal que me preocupa y me atormenta. Que la herradura de la suerte me proteja de todo mal y energía negativa, que aleje a mis enemigos y atraiga la justicia y la buena fortuna a mi favor. Con tu poder divino, confío en que seré protegido y guiado hacia la victoria, que mi caso será resuelto favorablemente y que podré seguir adelante con mi vida. Santa Muerte, protectora de los necesitados, te ruego que me concedas tu bendición y protección en todo momento, para que pueda enfrentar cualquier obstáculo con valentía y determinación. Amén.

Dragón: en la cultura china, el dragón se utiliza como un símbolo de protección y poder. Representa la sabiduría y la fuerza.

Oración de Protección al Dinero: Oh, Santa Muerte, protectora de nuestros bienes, Hoy te imploro tu ayuda para proteger mi dinero, Que ninguna mala energía o envidia pueda dañarlo, Que siempre esté a salvo de cualquier peligro. Te pido que me concedas la sabiduría para manejarlo bien, Que pueda invertirlo con prudencia y sabiduría, Que siempre tenga suficiente para mis necesidades y deseos, Y que nunca falte el sustento para mi hogar y mi familia. Que el símbolo del dragón, poderoso y protector, Me brinde su fortaleza y sabiduría en todo momento, Y que ningún mal pueda afectar mi economía, Sino que siempre esté protegida por tu amor y cuidado. Gracias, Santa Muerte, por ser mi protectora fiel, En ti confío mi dinero y mi bienestar, Y sé que siempre estarás a mi lado, Guiándome y protegiéndome en todo momento. Amén.

Símbolos y Oraciones de Protección #7

Oso: el oso se utiliza como un símbolo de protección y fortaleza en muchas culturas. Representa la idea de la defensa y la seguridad.

Oración de Protección al Vecindario: Oh Santa Muerte, protectora y guardiana de nuestras vidas, Te pido que extiendas tu manto de protección sobre mi vecindario, Que lo cubras con tu fuerza y tu poder, y lo mantengas seguro de todo mal, Que nos protejas de la delincuencia, la violencia y la inseguridad. Al igual que el oso, te pido que nos brindes fortaleza y defensa, Que nos ayudes a mantenernos firmes y resistentes ante cualquier adversidad, Que nos guíes hacia la luz y la sabiduría para tomar decisiones sabias, Que nos des la paz y la tranquilidad que necesitamos para vivir en armonía. Oh Santa Muerte, confío en tu poder para proteger a mi vecindario, Y te pido que nos mantengas a salvo en todo momento, Que tu amor y tu luz nos iluminen en el camino, Que tu presencia nos dé la fuerza y la protección que necesitamos. Te doy gracias por tu protección y tu bendición, Que tu presencia siempre esté con nosotros, Amén.

León: el león se utiliza como un símbolo de protección y valentía en muchas culturas. Representa la idea de la protección y el liderazgo.

Oración de Protección Frente a un Rival: Oh Santa Muerte, protectora de mis caminos, ante ti vengo en busca de tu bendición, para que me protejas de mi rival, y de toda maldad que pueda venir hacia mi. Con el poder del león, oh gran Santa Muerte, protege mi camino y guarda mi vida, para que ningún enemigo pueda vencerme, y mi valentía se mantenga firme ante la adversidad. Oh Santa Muerte, te suplico que me cubras con tu manto, y que tu fuerza me guíe hacia la victoria, para que siempre pueda avanzar con coraje y determinación, y alejar de mi vida a aquellos que intenten dañarme. Con el poder del león, oh Santa Muerte, te pido que me concedas tu protección, para que pueda superar cualquier obstáculo, y lograr la victoria sobre mis enemigos. Amén.

Símbolos y Oraciones de Protección #8

 **Águila:** el águila se utiliza como un símbolo de protección y libertad en muchas culturas. Representa la idea de la vigilancia y la protección de los seres queridos.

Oración de Protección al Trabajo: Oh Santa Muerte, protectora de aquellos que trabajan duro para ganarse la vida, te imploro que me concedas tu poderosa protección en mi trabajo. Que tu fuerza y sabiduría me guíen y protejan mientras me esfuerzo por lograr mis metas y asegurar mi sustento. Te pido que me concedas la valentía del águila para que pueda mantenerme alerta ante cualquier peligro y actuar con rapidez y precisión. Que tu presencia me envuelva en una burbuja de seguridad y que tu luz ilumine mi camino hacia el éxito. Que tu poder me proteja de cualquier envidia, celos o malicia que puedan encontrarse en mi lugar de trabajo. Que tu manto sagrado cubra mi ser y mi espacio de trabajo, manteniéndome a salvo de toda negatividad. Oh Santa Muerte, protégeme con tu sabiduría divina y tu gran poder. Que nunca me falte tu presencia y tu protección mientras avanzo en mi carrera y alcanzo mi potencial. Que así sea.

 **Serpiente:** la serpiente se utiliza como un símbolo de protección y curación en muchas culturas. Representa la idea de la sabiduría y la protección espiritual.

Oración de Protección al Trabajo: Oh Santa Muerte, te imploro que me protejas en mi trabajo y en todo momento. Que me guíes con tu sabiduría y me brindes tu protección divina. Te pido que me envíes la energía de la serpiente, símbolo de protección y curación, para que me ayude a mantenerme alejado de cualquier peligro o mal. Que su sabiduría me guíe en mi toma de decisiones y me ayude a encontrar el camino correcto en mi trabajo. Que su poder de protección me rodee en todo momento y me mantenga seguro y sano. Oh Santa Muerte, te agradezco por tu bendición y por mantenerme a salvo en mi camino en el trabajo. Amén.

Símbolos y Oraciones de Protección #9

Elefante: el elefante se utiliza como un símbolo de protección y estabilidad en muchas culturas. Representa la idea de la protección y la fortaleza.

Oración de Protección a los Padres: Oh Santa Muerte, protectora de los padres y de la familia, te invocamos en este momento para que nos brindes tu poderosa protección, sosteniendo el símbolo del elefante en tus manos sagradas. Como el elefante que es fuerte y poderoso, protegiéndonos de las adversidades y peligros que puedan amenazar nuestra estabilidad, te pedimos que nos envíes tu fuerza y tu sabiduría, para que podamos enfrentar cualquier reto que se nos presente. Oh Santa Muerte, protectora de la familia y de los seres queridos, confiamos en tu protección y en tu amor incondicional, para que siempre nos guíes por el camino de la seguridad y la paz. Que así sea.

Rinoceronte: el rinoceronte se utiliza como un símbolo de protección y resistencia en muchas culturas. Representa la idea de la defensa y la seguridad.

Oración de Protección a los Abuelos: Oh, Santa Muerte, protectora de nuestros seres queridos, te pido que extiendas tu manto de protección sobre mis amados abuelos. Que la fuerza y la resistencia del rinoceronte los rodeen, y que ningún mal pueda acercarse a ellos. Que tu presencia les brinde paz y tranquilidad, y que siempre se sientan seguros bajo tu amparo. Te pido que los mantengas alejados de cualquier peligro y que los protejas en todo momento. Gracias, Santa Muerte, por tu amor y cuidado. Amén.

Símbolos y Oraciones de Protección #10

Tigre: el tigre se utiliza como un símbolo de protección y fuerza en muchas culturas. Representa la idea de la valentía y la protección.

Oración de Protección a la Madre: Amada Santa Muerte, te pido que protejas a mi madre con el poder y la fuerza del tigre. Que su presencia sea una barrera contra cualquier mal que intente acercarse a ella. Que su fuerza interior sea renovada cada día, para que pueda enfrentar cualquier adversidad con valentía y coraje. Que su camino esté lleno de bendiciones y que siempre esté rodeada de amor y protección divina. Que la protejas de todo peligro físico y emocional, y que siempre esté guiada por tu sabiduría y protección. Gracias, amada Santa Muerte, por escuchar mis oraciones y proteger a mi madre. Amen.

Búho: el búho se utiliza como un símbolo de protección y sabiduría en muchas culturas. Representa la idea de la vigilancia y la protección espiritual.

Oración de Protección a la Madre: Oh Santa Muerte, protectora de todos los seres queridos, hoy te pido que extiendas tu manto sagrado de protección sobre mi madre. Al igual que el búho, que simboliza la sabiduría y la vigilancia, te pido que la protejas de todo mal y la guíes por el camino correcto. Concede a mi madre la fuerza y la sabiduría necesarias para enfrentar cualquier obstáculo en su vida. Que tu luz brille sobre ella, protegiéndola en todo momento y en todo lugar. Que nunca se sienta sola, que esté rodeada de amor y buena voluntad y que siempre sepa que tienes tu mano extendida para ayudarla en momentos difíciles. Amén.

Símbolos y Oraciones de Protección #11

Gato: el gato se utiliza como un símbolo de protección y astucia en muchas culturas. Representa la idea de la defensa y la protección de los seres queridos.

Oración de Protección al Padre: Santa Muerte, protectora de los seres queridos, te pido que envíes tu protección a mi padre. Que lo cubras con tu manto y lo guíes con tu sabiduría en cada uno de sus caminos. Que lo protejas de todo mal y peligro, y que lo ayudes a tomar decisiones sabias y acertadas. Así como el gato es astuto y sabe cuidar de sí mismo, te pido que le brindes a mi padre la misma astucia para protegerse de los peligros y situaciones adversas en su vida. Gracias, Santa Muerte, por tu amorosa protección y cuidado. Amen.

Lobo: el lobo se utiliza como un símbolo de protección y lealtad en muchas culturas. Representa la idea de la protección y la defensa de la familia y la comunidad.

Oración de Protección al Padre: Oh Santa Muerte, protectora de nuestras vidas, te imploro que extiendas tus alas sobre mi padre, que lo cubras con tu manto sagrado y lo guíes hacia la seguridad y la protección. Que su camino esté libre de peligros y que la astucia del lobo lo proteja contra cualquier amenaza o peligro. Que su lealtad a la familia y a la comunidad sean recompensados con tu bendición divina. Oh Santa Muerte, te suplico que bendigas a mi padre con tu protección y tu guía sagrada. Que su vida esté llena de seguridad y paz, y que siempre sienta tu presencia protectora en cada paso que dé en su camino. Te doy las gracias, Santa Muerte, porque sé que siempre estarás allí para proteger y guiar a mi padre, y a todos los que te buscan con fe y devoción. Así sea.

Magnética y mágica, ¡Oh Esta página cargo de poder!

Grulla: la grulla se utiliza como un símbolo de protección y longevidad en muchas culturas. Representa la idea de la protección y la sabiduría.

Oración de Protección Durante la Noche: Oh, Santa Muerte, protectora de mi vida Te pido que me cubras con tu manto sagrado Durante la noche, cuando la oscuridad cubre la tierra Que me protejas con tu gran poder Con la gracia de tu presencia y la fuerza de tu sabiduría Protégeme de todo mal que pueda acecharme Que tus alas de protección me envuelvan Y me mantengan a salvo durante toda la noche Que la grulla, símbolo de protección y longevidad, Me acompañe en mi camino nocturno Que su fuerza y sabiduría me guíen en cada paso Y que tu amor y protección siempre me sostengan. Oh, Santa Muerte, te agradezco por tu eterna protección Que tu luz ilumine mi camino en la noche Y que tu fuerza y poder me guíen y me protejan En todo momento, ahora y para siempre. Amén.

Perro: el perro se utiliza como un símbolo de protección y lealtad en muchas culturas. Representa la idea de la protección y la defensa de la familia y la comunidad.

Oración de Protección Cuando Camino en la Calle: Oh poderosa Santa Muerte, protectora de los caminos y los viajeros, te pido tu ayuda en mi camino diario, cuando ando en la calle y enfrento los peligros. Encomiendo mi seguridad a ti, Santa Muerte, y te ruego que me envíes tu protección, y me guíes con tu amor. Que la fuerza del perro fiel que defiende a su amo con su vida misma me envuelva y se manifieste en cualquier momento que yo pudiera necesitar ayuda. Que tu presencia me rodee y me proteja, que tu fuerza me acompañe y me sostenga, que tu lealtad me ampare y me guarde, en cada paso que dé en este camino terrenal. Oh Santa Muerte, te ruego que alejes de mí a quienes quieran causarme daño o mal, y que me guíes siempre hacia la luz y la paz, bajo tu protección, mi fiel y amada guardiana. Amén.

Símbolos y Oraciones de Protección #13

Crisantemo: el crisantemo se utiliza como un símbolo de protección y buena suerte en muchas culturas. Representa la idea de la protección contra la mala energía y los malos espíritus.

Oración de Protección Durante el Día: Santa Muerte, protectora de nuestros días y noches, te ruego que me cubras con tu manto divino, y que me concedas la protección y la seguridad que necesito para llevar a cabo mis actividades diarias. Con el poder del crisantemo, símbolo de protección y buena suerte, te pido que alejes de mí toda la mala energía, los malos espíritus y las fuerzas negativas, y que me envuelvas en una aura de positividad y protección. Permíteme sentir tu presencia a mi alrededor, y que tu luz divina me guíe y me proteja en cada paso que doy. Gracias por tu amor y por cuidar de mí siempre, te ofrezco mi devoción y mi agradecimiento eterno. Amén.

Amapola: la amapola se utiliza como un símbolo de protección y resurrección en muchas culturas. Representa la idea de la protección de los espíritus y la resurrección de la vida.

Oración de Protección al Atardecer: Oh, Santa Muerte, protectora del camino, te imploro que me protejas al atardecer, cuando las sombras se alargan y mi cuerpo se cansa de laborar. Te pido que envíes a mi alrededor la energía de la amapola, que me cubra con su manto de protección y me traiga la resurrección de mi fuerza y vitalidad. Que su simbolismo de protección y resurrección me acompañe en todo momento, y que me ayude a superar cualquier obstáculo que se interponga en mi camino. Oh, Santa Muerte, protectora del camino, gracias por tu amor y protección constante, te ruego que sigas velando por mí, y que me des la fuerza para enfrentar los retos que la vida me presenta cada día. Amen.

Símbolos y Oraciones de Protección #14

Jazmín: el jazmín se utiliza como un símbolo de protección y tranquilidad en muchas culturas. Representa la idea de la protección contra la ansiedad y la tensión.

Oración de Protección Contra Negatividad: Oh Santa Muerte, te imploro que me protejas contra las emociones negativas que puedan debilitar mi espíritu. Que tu presencia me proporcione tranquilidad y seguridad en mi corazón. Que tu poderoso amparo me defienda contra el temor, la preocupación, la envidia, los celos y el rencor. Que el aroma del jazmín, símbolo de protección y tranquilidad, envuelva mi mente y mi espíritu, y me conceda la paz y la serenidad que necesito para seguir adelante. Con tu protección, oh Santa Muerte, confío en que podré superar cualquier adversidad y seguir adelante con determinación y fuerza. Gracias por tu protección y bendiciones. Amen.

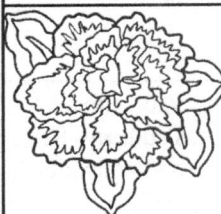

Azalea: la azalea se utiliza como un símbolo de protección y cuidado en muchas culturas. Representa la idea de la protección y el cuidado de los seres queridos.

Oración de Protección 24/7: Oh Santa Muerte, protectora de todos los seres, guíame y protege en todo lugar y a toda hora. Que la flor de azalea sea mi amuleto de protección, y me envuelva con su aura de cuidado y seguridad. Que ninguna fuerza maligna pueda acercarse a mí, y que mi camino esté siempre iluminado por la luz divina. Que mi corazón esté lleno de amor y paz, y que mi mente esté clara y libre de toda negatividad. Que la protección y el cuidado de los seres queridos siempre estén presentes en mi vida, y que nunca me sienta solo o desamparado. Oh Santa Muerte, gracias por tu protección constante, y por ser mi guía en este camino de la vida. Que así sea.

Símbolos y Oraciones de Protección #15

 **Loto:** el loto se utiliza como un símbolo de protección y pureza en muchas culturas. Representa la idea de la protección contra la negatividad y la impureza.

Oración de Protección Conta Personas Mailintencionadas: Oh Santa Muerte, protectora y defensora, Escucha mi oración en este momento, Te pido protección contra aquellos que desean dañarme, Que quieren hacerme mal con sus malas intenciones. Con el poder del loto, símbolo de pureza y protección, Pido que me envuelvas con tu manto sagrado, Que me protejas de todo mal que quiera llegar a mí, Que alejes a esas personas malintencionadas. Te pido también que me des la fuerza y la sabiduría, Para reconocer a aquellos que no desean mi bien, Y que me guíes por el camino de la verdad y la bondad, Para que siempre esté protegido de todo mal. Oh Santa Muerte, protectora y defensora, Te doy las gracias por escuchar mi oración, Y confío en tu poder y tu amor infinito, Para mantenerme a salvo y protegido en todo momento.

 **Margarita:** la margarita se utiliza como un símbolo de protección y sinceridad en muchas culturas. Representa la idea de la protección contra la falsedad y la mentira.

Oración de Protección Contra Envidia: Oh Santa Muerte, protectora de los fieles, escucha mi humilde petición, protégeme de aquellos que envidian mi vida, de aquellos que desean mi mal. Que tu luz divina ilumine mi camino, y que tu poderosa mano me proteja, contra toda envidia y mala intención. Que la pureza de la margarita me envuelva, y que su sinceridad me acompañe, para que siempre camine con la verdad en mi corazón. Oh Santa Muerte, te pido que me cubras con tu manto sagrado, y me protejas de aquellos que buscan hacerme daño, que tu protección me guíe en todo momento, y me mantenga a salvo de cualquier mal. Que así sea. Amén.

Símbolos y Oraciones de Protección #16

Iris: el iris se utiliza como un símbolo de protección y sabiduría en muchas culturas. Representa la idea de la protección y la sabiduría para tomar decisiones sabias.

Oración de Protección Contra Malas Decisiones: Oh Santa Muerte, protectora de nuestros caminos, te pido que me brindes tu sabiduría y protección en momentos en que debo tomar decisiones difíciles. Que el iris, símbolo de tu protección y sabiduría, guíe mis pensamientos y me brinde claridad para elegir el camino correcto y evitar malas decisiones. Que tu presencia me brinde la tranquilidad y confianza para enfrentar los desafíos y obstáculos que se presenten, y me proteja de las consecuencias negativas de mis acciones. Te agradezco, Santa Muerte, por tu constante protección y te pido que me guíes siempre hacia el camino correcto para alcanzar mis metas y vivir en paz y armonía. Amen.

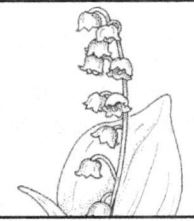

Lirio de los valles: el lirio de los valles se utiliza como un símbolo de protección y pureza en muchas culturas. Representa la idea de la protección contra la negatividad y la impureza.

Oración de Protección Contra Chismosos: Oh, Santa Muerte protectora, te imploro que me ayudes a protegerme de los chismes y habladurías que puedan dañar mi reputación y mi paz mental. Que el lirio de los valles, símbolo de pureza y protección, me cubra con su manto y me proteja contra la negatividad que pueda surgir a mi alrededor. Que me dé la fuerza y la sabiduría para mantenerme alejado de las personas que hablan mal y me ayude a mantener mi mente clara y centrada en lo que es verdaderamente importante. Santa Muerte, te pido que me protejas y me guíes por el camino de la rectitud y la honestidad en todo momento. Amén.

Símbolos y Oraciones de Protección #17

 **Peonía:** la peonía se utiliza como un símbolo de protección y prosperidad en muchas culturas. Representa la idea de la protección y la prosperidad en la vida.

Oración de Protección En Todo Lugar y en Todo Momento: Santa Muerte, protectora divina, hoy acudo a ti con humildad y fe, para pedir tu protección en todo lugar, en todo momento y ante cualquier adversidad. Que tu poderosa presencia me envuelva, y me mantenga a salvo de todo mal, que tu luz divina ilumine mi camino, y me guíe hacia la protección y la prosperidad. La peonía, símbolo de tu protección y prosperidad, es la flor que te ofrezco como ofrenda, para que su energía me proteja y me acompañe, en todo momento y lugar donde yo me encuentre. Te pido, Santa Muerte, que me protejas y me libres, de todo peligro y amenaza que se presente en mi vida, que tu presencia me dé la fuerza y el coraje, para enfrentar cualquier situación con valentía y determinación. Con humildad y devoción, te pido, Santa Muerte, que me protejas en todo lugar y en todo momento, que me concedas tu bendición y tu protección divina, para que siempre esté a salvo bajo tu amorosa mirada. Amén.

 **Rosa blanca:** la rosa blanca se utiliza como un símbolo de protección y paz en muchas culturas. Representa la idea de la protección contra la violencia y la protección de la paz.

Oración de Protección Contra Daños: Oh Santa Muerte, protectora de nuestros caminos, te pido que me protejas de todo daño y mal. Que la rosa blanca, símbolo de paz y protección, me guarde de la violencia y del peligro. Que su fragancia suave y dulce me rodee, y que su belleza me recuerde que la paz es posible. Que la rosa blanca sea un escudo contra todo daño, y que me proteja en todo momento y lugar. Oh Santa Muerte, te pido que me guíes y me protejas, y que me des la fuerza y la valentía para enfrentar los desafíos. Que la rosa blanca sea mi compañera en este camino, y que me proteja siempre con su amor y su paz. Así sea.

Símbolos y Oraciones de Protección #18

Violeta: la violeta se utiliza como un símbolo de protección y modestia en muchas culturas. Representa la idea de la protección contra la arrogancia y la vanidad.

Oración de Protección a la Mente: Oh Santa Muerte, protectora de mi ser, Te pido que protejas mi mente de todo mal. Que la luz de tus violetas envuelva mi pensamiento, Y me libere de toda negatividad y confusión. Te pido que limpies mi mente de todas las dudas y temores, Y me des la sabiduría y claridad para tomar decisiones acertadas. Que tu violeta sea mi armadura contra las malas influencias, Y me mantenga en un estado de paz y equilibrio mental. Oh Santa Muerte, protectora de mi ser, Te agradezco por tu protección y guía constante. Que tu presencia siempre me acompañe, Y que mi mente esté siempre bajo tu protección. Amén.

Verbena: la verbena se utiliza como un símbolo de protección y curación en muchas culturas. Representa la idea de la protección contra la enfermedad y la curación del cuerpo y el alma.

Oración de Protección de Secretos: Oh, Santa Muerte protectora de nuestras vidas, te pido que me brindes tu amparo y protección. Encomiendo a ti mis secretos y pensamientos, y te suplico que los guardes bajo tu cuidado. Con tu poderosa presencia, ahuyenta a aquellos que buscan hacerme daño y da a conocer a aquellos que intentan descubrir mis secretos. Te pido que me cubras con la hierba sagrada de la verbena, para protegerme de la enfermedad y curar mi cuerpo y alma de cualquier daño. Santa Muerte, te agradezco por tu ayuda y protección y te imploro que sigas velando por mí y mis secretos con la fuerza y el poder que solo tú posees. Amen.

Oración Contra la Adicción

Había una vez un hombre llamado Juan que tenía un problema con el alcohol. No podía pasar una noche sin beber, lo que lo estaba llevando a perder su trabajo y su familia. A pesar de varios intentos para dejar de beber, siempre recaía en su adicción. Pero un día, escuchó hablar sobre la Santa Muerte y decidió pedirle ayuda.

Juan aprendió un rezo especial a la Santa Muerte para resistir la tentación de beber. Lo repitió todos los días antes de salir de casa y cada vez que se sentía tentado a tomar.

El rezo le recordaba que debía ser fuerte y resistir la tentación. Gracias a la oración y su determinación, Juan logró mantenerse sobrio y recuperar su vida.

Con el tiempo, Juan se convirtió en un defensor de la Santa Muerte y su rezo.

Ayudó a otros con problemas de adicción a través del poder de la oración y el ejemplo de su propia vida.

La Santa Muerte le dio la fuerza y la sabiduría para superar su adicción y convertirse en una mejor persona.

Magnética y mágica. ¡Oh Esta página cargo de poder!

Símbolos y Oraciones de Salud

Aquí encontrarás todos los elementos cuya energía representa Salud y bienestar físico, emocional y espiritual para ti y para tus seres queridos, incluyidos elementos para eliminar adicciones, con sus correspondientes oraciones.

Símbolos y Oraciones de Salud #1

Caduceo: el caduceo se utiliza como un símbolo de la medicina en muchas culturas. Representa la idea de la curación y el bienestar.

Oración de Sanación: Oh, Santa Muerte, protectora y sanadora de nuestras vidas, te pedimos que nos brindes tu poderosa ayuda en este momento de necesidad. Con humildad y devoción, te rogamos que nos concedas tu gracia para sanar nuestros cuerpos y mentes. Te pedimos que nos bendigas con la sabiduría y la fuerza necesarias para superar cualquier enfermedad o dolencia que nos aqueje. Que el caduceo, símbolo de la medicina y de la curación, sea un escudo que nos proteja y nos guíe en nuestro camino hacia la recuperación. Te pedimos que nos brindes tu amor y compasión para aliviar nuestros sufrimientos y restaurar nuestra salud. Que tu poder divino nos envuelva y nos dé fuerza para superar cualquier obstáculo. Que tu luz nos ilumine en la oscuridad y nos guíe hacia el bienestar físico y emocional. Oh, Santa Muerte, protectora de la vida y la salud, te pedimos que nos bendigas con tu presencia amorosa y protectora. Que nuestra fe en ti nos dé la fortaleza y la esperanza necesarias para enfrentar cualquier desafío. Que tu poder divino nos cure, nos proteja y nos guíe siempre. Amén.

Cruz verde: la cruz verde se utiliza como un símbolo de la farmacia y la salud en muchas culturas. Representa la idea de la curación y el bienestar.

Oración de Sanación: Amada Santa Muerte, te ruego que me concedas tu protección y sanación. Que me cubras con tu manto sagrado y me ayudes a encontrar la salud y el bienestar que tanto necesito. Te imploro que me envíes tu poder y tu gracia, para que pueda sanar y recuperar mi fuerza física y mental. Te pido que utilices el poder de la cruz verde, símbolo de la medicina y la salud, para que mi cuerpo y mente puedan sanar. Que esta cruz sea un amuleto de protección que me mantenga a salvo de cualquier enfermedad y me ayude a encontrar el camino hacia la curación completa. Oh Santa Muerte, protectora de los enfermos y necesitados, te pido que escuches mi humilde oración y que me brindes tu ayuda en mi camino hacia la recuperación. Que tu presencia y tu amor sean una fuente de fortaleza y esperanza para mí en todo momento. Te doy gracias por tu bondad y tu compasión, y te pido que me bendigas con tu protección y tu sanación divina. Amén.

Magnética y mágica, ¡Oh Esta página cargo de poder!

Símbolos y Oraciones de Salud #2

Mano de Fátima: la mano de Fátima se utiliza como un símbolo de protección y salud en la cultura islámica. Representa la protección contra la enfermedad y la mala fortuna.

Oración de Salud Espiritual: Oh Santa Muerte, protectora de nuestros espíritus, acudo a ti en busca de tu ayuda y protección. Que tu presencia sagrada ilumine mi camino y me guíe hacia la sanación y la purificación de mi ser. Te ruego, Santa Muerte, que me concedas la fuerza para enfrentar los desafíos de la vida y la sabiduría para tomar decisiones sabias que favorezcan mi bienestar espiritual. Que tu mano protectora me cubra con su sombra y me proteja de todo mal. Que la mano de Fátima, símbolo de tu protección y salud en la cultura islámica, me guíe hacia la sanación y la protección contra las enfermedades y la mala fortuna. Que tu presencia me envuelva y me fortalezca para que pueda mantener mi espíritu en paz y armonía. Oh Santa Muerte, escucha mi súplica y haz que tu poder divino me acompañe en todo momento. Que tu luz brillante disipe la oscuridad de mi espíritu y me lleve hacia la salud, el bienestar y la paz. Que así sea.

Flor de loto: la flor de loto se utiliza como un símbolo de la iluminación y el bienestar espiritual. Representa la idea de la sanación y la purificación.

Oración de Salud Espiritual: Oh Santa Muerte, protectora de nuestros espíritus, te pedimos tu ayuda en este momento, para que puedas guiarnos en el camino de la salud y el bienestar espiritual. Al igual que la flor de loto se abre en la luz, queremos que nuestras mentes se abran a la iluminación y la sabiduría, para que podamos encontrar la sanación y la purificación en nuestras almas. Ayúdanos a liberarnos de las cargas emocionales y espirituales que nos pesan, y a encontrar la paz interior y la armonía en nuestras vidas. Con tu ayuda, Santa Muerte, confiamos en que podemos superar cualquier obstáculo y encontrar la felicidad y la plenitud en nuestras vidas. Amén.

Símbolos y Oraciones de Salud #3

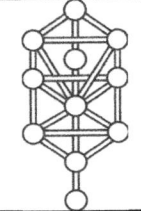

Árbol de la vida: el árbol de la vida se utiliza como un símbolo de la salud y el bienestar en muchas culturas. Representa la conexión entre lo divino y la tierra.

Oración de Sanación Emocional: Amada Santa Muerte, hoy acudo a ti en busca de sanación y bienestar emocional. Sé que a veces mi corazón se siente pesado y cargado de dolor, y es por eso que te imploro tu ayuda y protección. Te pido que me guíes hacia el árbol de la vida, que simboliza la salud y el bienestar emocional. Que me muestres el camino para conectarme con lo divino y la tierra, y así encontrar la paz interior que tanto necesito. Te ruego que me ayudes a liberar cualquier dolor, tristeza, ansiedad o miedo que me esté afectando emocionalmente. Que me llenes de energía positiva y de esperanza, para que pueda seguir adelante con fortaleza y confianza en mí mismo. Oh Santa Muerte, te suplico que me concedas la sanación emocional que necesito para seguir adelante con mi vida. Que así sea.

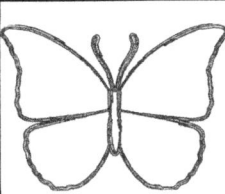

Mariposa: la mariposa se utiliza como un símbolo de transformación y curación en muchas culturas. Representa la idea de la sanación y la renovación.

Oración de Sanación Emocional: Oh Santa Muerte, protectora y sanadora, te ruego por tu ayuda en mi proceso de sanación emocional. Que tu luz brille en mi vida y me guíe hacia la transformación y la curación. Al igual que la mariposa que cambia de capullo a hermosa criatura, que yo pueda transformar mi dolor y sufrimiento en fortaleza y esperanza. Que mi corazón encuentre paz y mi mente esté llena de claridad. Te pido que me sanes y me renueves en cuerpo, mente y espíritu. Que tu poder y protección me acompañen en mi camino hacia la sanación emocional. Amén.

Magnética y mágica, ¡Oh Esta página cargo de poder!

Símbolos y Oraciones de Salud #4

 **Yin y Yang:** en la filosofía china, el yin y el yang representan la dualidad de la vida, para crear equilibrio y armonía en el cuerpo y la mente.

Oración de Sanación Mental: Oh Santa Muerte, protectora de nuestras almas, escucha mi ruego y acude en mi auxilio. Mi mente se encuentra afligida y perturbada, mi equilibrio interior ha sido alterado. Te pido que me concedas la sanación mental, que me liberes de los pensamientos negativos, de la ansiedad, el estrés y la confusión. Que restaures la armonía en mi ser, y me permitas encontrar la paz interior. Que tu fuerza y protección me acompañen, en mi camino hacia la sanación mental, y que el equilibrio entre el yin y el yang, sea restaurado en mi mente y mi corazón. Gracias Santa Muerte, por tu presencia sanadora, por ser mi guía en momentos de adversidad. Que tu luz y tu amor me guíen hacia la sanación, y me lleven hacia la felicidad y la plenitud.

 **Sol:** el sol se utiliza como un símbolo de la energía y la vitalidad en muchas culturas. Representa la idea de la salud y el bienestar físico.

Oración de Sanación Mental: Amada Santa Muerte, te ruego por tu poderosa intercesión para que sanes mi mente y me concedas la claridad mental que tanto necesito. Con la luz del sol como símbolo de energía y vitalidad, te pido que llenes mi mente de luz y fuerza para que pueda superar cualquier obstáculo que se interponga en mi camino hacia la salud mental. Que la claridad de pensamiento y la paz interior se conviertan en mi guía, para que pueda mantener un equilibrio y armonía en mi vida. Santa Muerte, te pido que me ayudes a liberarme de la oscuridad y de todo aquello que me esté afectando emocionalmente, y que me guíes hacia la sanación y la felicidad mental. Escucha mi plegaria y concédeme tu poderosa protección en todo momento. Amén.

Símbolos y Oraciones de Salud #5

 **Mandala:** el mandala se utiliza como un símbolo de la armonía y el bienestar en muchas culturas. Representa la conexión entre la mente, el cuerpo y el espíritu.

Oración de Sanación Para una Hija: Oh Santa Muerte, te ruego que brindes sanación y bienestar a mi hija en este momento de necesidad. Permítele encontrar la armonía y la paz en su mente, cuerpo y espíritu. Que la energía del mandala, símbolo de equilibrio y plenitud, la envuelva y la guíe en su camino hacia la sanación. Que tu amor y protección la acompañen en cada momento de su vida y que siempre se sienta apoyada y fortalecida por tu presencia. Santa Muerte, te pido que cuides de mi hija con tu manto sagrado y la llenes de tu bendición. Amén.

 **Om:** el Om se utiliza como un símbolo de la meditación y el bienestar espiritual en la cultura hindú. Representa la idea de la sanación y la purificación.

Oración de Sanación Para un Hijo: Santa Muerte, protectora de los hijos, escucha mi oración en este momento, te pido que envíes tu bendición y protección sobre mi hijo en su camino hacia la sanación. Que el sonido sagrado del Om llene su ser de paz y armonía, y que su mente y espíritu sean purificados de cualquier negatividad o dolor. Que tu presencia sagrada lo acompañe en cada paso de su camino hacia la sanación, y que su cuerpo se llene de vitalidad y fuerza para superar cualquier obstáculo que se presente. Te doy gracias, Santa Muerte, por tu protección y amor incondicional, y confío en que mi hijo será bendecido con la sanación y el bienestar que merece. Amén.

Magnética y mágica, ¡Oh Esta página cargo de poder!

Símbolos y Oraciones de Salud #6

Serpiente: en la mitología griega, la serpiente se utiliza como un símbolo de la curación y la medicina. Representa la idea de la sanación y la renovación.

Oración de Sanación de Adicciones: Oh santa muerte, protectora de la vida, te ruego que me concedas tu gracia y me ayudes a superar esta adicción que me ha tomado prisionero/a. Me siento atrapado/a y sin fuerzas para liberarme, pero sé que con tu poder y tu protección, podré sanar y liberarme de esta carga. Utilizo la imagen de la serpiente como un símbolo de la curación y la medicina, y te pido que me otorgues la fuerza y la sabiduría para sanar mi cuerpo, mente y espíritu. Guíame por el camino de la recuperación y dame la fuerza para resistir la tentación de volver a caer en este mal. Con tu ayuda, puedo alcanzar la victoria y disfrutar de una vida libre de adicciones. Te lo pido con humildad y fe. Amen.

Cuenco tibetano: el cuenco tibetano se utiliza como un símbolo de la meditación y el bienestar en la cultura tibetana. Representa la idea de la sanación y la armonía..

Oración de Sanación para un Ser Querido: Oh, Santa Muerte, protectora de todos los seres, te ruego que extiendas tus alas de sanación y paz, y que derrames tus bendiciones sobre mi ser querido, que tanto necesita de tu guía y protección. Te imploro que utilices el sonido del cuenco tibetano, para que puedas purificar su alma y cuerpo, y para que puedas disolver cualquier negatividad o dolor, y llenarlo con la paz y la armonía de tu amor. Que tu presencia divina lo llene de fuerza y energía, y que su corazón se llene de esperanza y felicidad. Que tus bendiciones sean como una lluvia sanadora, y que cada día se levante más sano y fortalecido. Te doy las gracias, Santa Muerte, por tu amor y protección, y por estar siempre presente en nuestras vidas. Que tu luz brille siempre en nuestro camino, y que nunca nos abandones en tiempos de dificultad. Amén.

Altar de Paz en el Hogar

Había una mujer llamada Beatriz, quien estaba teniendo muchos problemas en su hogar. Su esposo estaba estresado por su trabajo y su relación se estaba resintiendo. Además, sus hijos adolescentes estaban en una etapa difícil y estaban luchando con problemas de autoestima y rebeldía. Beatriz se sentía abrumada por la tensión en su hogar y se preguntaba cómo podría encontrar la paz en su vida.

Un día, mientras hablaba con una amiga, le recomendó que pusiera un altar de paz en su hogar. Beatriz no estaba segura de qué hacer, pero su amiga le sugirió que pusiera una imagen de la Santa Muerte rodeada de velas azules y rosas blancas, ya que la Santa Muerte era conocida por traer armonía y paz a los hogares.

Beatriz decidió seguir el consejo de su amiga y puso un pequeño altar en su casa. Comenzó a orar diariamente, pidiendo a la Santa Muerte que trajera la paz y la armonía a su hogar. También comenzó a hablar más con su esposo y sus hijos, escuchándolos y apoyándolos en sus luchas personales.

Con el tiempo, Beatriz comenzó a notar una diferencia en su hogar. La tensión se disipó y la comunicación mejoró. Su esposo comenzó a ser más afectuoso y atento, y sus hijos comenzaron a ser más abiertos y menos rebeldes. La casa se llenó de una energía pacífica y amorosa que se reflejó en su vida diaria.

Beatriz estaba agradecida por la ayuda de la Santa Muerte y por el consejo de su amiga. Aprendió que el poder de la oración y la intención puede traer la paz y la armonía a cualquier hogar, y que siempre hay una luz al final del túnel si se busca con suficiente determinación.

Magnética y mágica, ¡Oh Esta página cargo de poder!

Símbolos y Oraciones de Paz

Aquí encontrarás todos los elementos cuya energía representa la Paz en todos sus aspectos: espiritual, física, emocional, entre la pareja, en el negocio, en el trabajo, y en todo lugar, así como las oraciones conectadas con dichos elementos.

Símbolos y Oraciones de Paz #1

 **Paloma:** la paloma se utiliza como un símbolo de la paz en muchas culturas. Representa la idea de la armonía y la tranquilidad.

Oración de Paz en el Hogar: Oh Santa Muerte, protectora de nuestros hogares, te pedimos que nos concedas la paz en nuestro hogar. Que la armonía y la tranquilidad llenen nuestros espacios, y que la luz divina nos guíe hacia el amor y la compasión. Te pedimos que nos protejas de los conflictos y las tensiones, y que la paloma de la paz siempre esté presente en nuestro hogar. Que la bondad y la amabilidad sean nuestras guías, y que nuestras palabras y acciones estén llenas de amor y comprensión. Santa Muerte, te agradecemos por tu constante protección y guía, y te pedimos que siempre nos bendigas con tu amor y tu sabiduría. Que la paz y la armonía reine en nuestro hogar, y que siempre estemos unidos en el amor y la fe. Te lo pedimos con humildad y gratitud, en el nombre de la vida, la muerte y la eternidad. Amén.

 **Ramo de olivo:** el ramo de olivo se utiliza como un símbolo de la paz desde la antigua Grecia. Representa la idea de la tranquilidad y la reconciliación.

Oración de Paz en la Pareja: Oh Santa Muerte, protectora de nuestros corazones, Te imploro que concedas paz y armonía a mi relación de pareja. Que el ramo de olivo que simboliza la paz y la reconciliación Sea entregado a nuestros corazones para que el amor florezca. Que el resentimiento y la ira se disuelvan Y que la tranquilidad y la felicidad llenen nuestros días. Te pido que mantengas nuestra relación unida, Que la paz y el amor siempre prevalezcan en nuestro hogar. Santa Muerte, que así sea.

Magnética y mágica, ¡Oh Esta página cargo de poder!

Símbolos y Oraciones de Paz #2

Bandera blanca: la bandera blanca se utiliza como un símbolo de la paz y la rendición en muchas culturas. Representa la idea de poner fin a la lucha y buscar la paz.

Oración de Paz en el Trabajo: Oh, Santa Muerte de la Paz, protectora de nuestros espíritus y mentes, te imploro tu ayuda en mi lugar de trabajo, donde las tensiones y conflictos abundan. Te ruego que me concedas la serenidad y la paciencia, para enfrentar cualquier desafío con calma y compostura. Que me guíes en la búsqueda de soluciones justas y equitativas, y que me des la sabiduría para tomar las decisiones correctas. Que tu poder se extienda a mis compañeros de trabajo, para que también sientan la paz y la armonía en su corazón. Que la bandera blanca de la paz ondee en nuestro lugar de trabajo, y que la lucha ceda ante la cooperación y el entendimiento. Santa Muerte de la Paz, te suplico tu ayuda, para que nuestro lugar de trabajo sea un ambiente de paz y tranquilidad, donde todos puedan trabajar juntos en armonía y respeto. Que así sea.

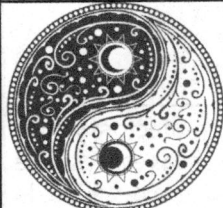

Mandala de la paz: la mandala de la paz se utiliza como un símbolo de la armonía y la tranquilidad en muchas culturas. Representa la idea de la sanación y la reconciliación.

Oración de Paz en el Vecindario: Oh Santa Muerte, protectora de nuestros caminos, te pedimos tu guía y bendición en nuestros vecindarios, Que tu luz ilumine nuestros corazones y mentes, y que la paz y la armonía reine en nuestros hogares. Te pedimos que nos ayudes a sanar las heridas del pasado, y a construir un futuro mejor juntos, Que nos des la sabiduría para resolver los conflictos, y la paciencia para escuchar a nuestros vecinos. Oh Santa Muerte, que la mandala de la paz sea nuestra guía, y que siempre recordemos que la unión hace la fuerza, Que tus bendiciones caigan sobre nuestros hogares, y que la paz sea una realidad en nuestros vecindarios. Amén.

Símbolos y Oraciones de Paz #3

 **Círculo de la paz:** el círculo de la paz se utiliza como un símbolo de la unidad y la armonía en muchas culturas. Representa la idea de la colaboración y la cooperación.

Oración de Paz en el Negocio: Oh, Santa Muerte de la paz, protectora de mi negocio, te pido tu bendición, para encontrar la paz y la armonía en mi trabajo. Que tu presencia se sienta en cada rincón, que cada trabajador encuentre la unidad y la colaboración, para que juntos logremos el éxito. Que tu círculo de la paz nos envuelva, y que la cooperación y la comprensión guíen cada una de nuestras acciones. Oh, Santa Muerte de la paz, que tu bendición nos acompañe en cada día, y que tu luz ilumine el camino hacia la armonía y la prosperidad en nuestro negocio. Así sea. Amén.

 **Yin y yang:** en la filosofía china, el yin y el yang representan la dualidad de la vida para crear equilibrio y armonía en la sociedad.

Oración de Paz en las Escuelas: Amada Santa Muerte, protectora y guía, hoy acudo a ti en busca de tu ayuda para encontrar la paz en las escuelas. Sé que el equilibrio es vital para la armonía en la sociedad y que la dualidad de la vida puede ser difícil de entender y manejar, especialmente en las escuelas donde los jóvenes están en su búsqueda de identidad. Te pido que traigas tu energía y tu poder para ayudar a los estudiantes, maestros y personal escolar a encontrar la paz y el equilibrio en la escuela. Que la dualidad de la vida se convierta en un equilibrio armonioso y que todos se unan en un esfuerzo colaborativo para crear un ambiente pacífico y seguro en la escuela. Que tu luz ilumine el camino y guíe a todos los miembros de la comunidad escolar hacia la paz y la armonía. Gracias, amada Santa Muerte, por tu protección y guía en todo momento. Amen.

Magnética y mágica, ¡Oh Esta página cargo de poder!

Símbolos y Oraciones de Paz #4

 **Corazón de la paz:** el corazón de la paz se utiliza como un símbolo de la tranquilidad y el amor en muchas culturas. Representa la idea de la compasión y la empatía.

Oración de Paz en la Mente: Oh Santa Muerte, protectora de nuestras almas, te pido que traigas paz a mi mente y a mi corazón, que la tranquilidad y el amor llenen mi ser, y que la compasión y la empatía sean mi guía. Ayúdame a encontrar el equilibrio y la armonía, en este mundo lleno de caos y confusión, que mi mente sea clara y tranquila, y mi corazón esté lleno de amor y comprensión. Te pido que me guíes en el camino hacia la paz mental, y que me ayudes a liberarme de la ansiedad y el estrés, que me envuelvas en tu amor y protección, y que me ayudes a encontrar la paz y la serenidad. Oh Santa Muerte, te ruego que me otorgues la paz mental, y que me ayudes a ser una persona compasiva y amorosa, que sepa llevar la armonía y la tranquilidad a donde quiera que vaya. Amén.

 **Árbol de la paz:** el árbol de la paz se utiliza como un símbolo de la armonía y la unidad en muchas culturas. Representa la idea de la conexión entre todos los seres vivos.

Oración de Paz en la Familia: Oh santa muerte, protectora de la vida, escucha mi ruego en este día, concede tu paz a mi familia querida, y que la armonía siempre nos guía. Que en nuestro hogar reine la tranquilidad, y que el amor sea nuestra guía, que la unidad sea nuestra verdad, y la compasión nos ilumine cada día. Bajo el árbol de la paz te pido, que nuestra familia sea bendecida, con tu amor y protección a nuestro lado, para siempre en paz vivir nuestras vidas. Santa Muerte, mi protectora fiel, te ruego que nos concedas tu paz, para que nuestra familia sea siempre un modelo, de amor, unión y fraternidad en toda su faz.

Símbolos y Oraciones de Paz #5

 **Buda de la paz:** el Buda de la paz se utiliza como un símbolo de la tranquilidad y la sabiduría en muchas culturas. Representa la idea de la armonía y la serenidad.

Oración de Paz con los Vecinos: Oh santa muerte, protectora de nuestros caminos, te ruego que derrames tu bendición sobre mi hogar, y traigas la paz y la armonía a mi vecindario. Que la imagen del Buda de la paz ilumine nuestros corazones, y nos guíe hacia la sabiduría y la tranquilidad, para que podamos vivir en armonía con nuestros vecinos. Que todos nuestros actos estén llenos de compasión y empatía, y que podamos trabajar juntos para construir un lugar mejor, donde la paz y la serenidad sean la norma. Oh santa muerte, te ruego que nos cubras con tu manto de protección, y que nos guíes hacia un futuro lleno de paz y armonía, en nuestra comunidad y en todo el mundo. Amén.

 **Símbolo de la paz:** el símbolo de la paz se utiliza como un símbolo universal de la no violencia y la armonía en todo el mundo. Fue creado en los años 50 como un símbolo de la lucha contra la guerra.

Oración de Paz entre los Amigos: Oh Santa Muerte, te ruego que traigas la paz y la armonía a mi grupo de amigos, Que nuestro vínculo sea fuerte y duradero, y que podamos superar cualquier desafío. Que el símbolo de la paz siempre esté presente en nuestro círculo, Y que nos recuerde nuestra lucha contra la violencia y la discordia. Que nuestras diferencias sean respetadas y que podamos encontrar la unión en nuestras similitudes. Oh Santa Muerte, te pido que nos guíes hacia la paz y la amistad verdadera, Y que siempre mantengamos el amor y la comprensión en nuestros corazones.

Símbolos y Oraciones de Paz #6

 **Antorcha de la paz:** la antorcha de la paz se utiliza como un símbolo de la armonía y la luz en muchas culturas. Representa la idea de la iluminación y la esperanza.

Oración de Paz en el Espíritu: Oh Santa Muerte, madre de la armonía y la paz, escucha mi plegaria y libera mi espíritu de la ansiedad y la tristeza, permíteme encontrar la tranquilidad en la luz de la antorcha de la paz. Con tus manos santas, guíame hacia la senda de la iluminación, líbérame de los pensamientos negativos y la confusión mental, permíteme encontrar la claridad y la serenidad en mi ser. Que la antorcha de la paz ilumine mi camino y disipe toda oscuridad, permitiendo que mi espíritu se eleve hacia la tranquilidad y la armonía, así como la luz del sol disipa la niebla en un amanecer de esperanza. Oh Santa Muerte, gracias por tu amor y tu protección, bendíceme con tu presencia divina y permíteme encontrar la paz en mi interior, para que pueda compartir esa paz con todos los seres a mi alrededor. Amén.

 **Puerta de la paz:** la puerta de la paz se utiliza como un símbolo de la tranquilidad y la armonía en muchas culturas. Representa la idea de la apertura y la reconciliación.

Oración de Paz en el Corazón: Oh, Santa Muerte de la paz, que habitas en los corazones y traes la armonía y la tranquilidad, te ruego que guíes mis pasos hacia la puerta de la paz. Que me ayudes a encontrar la calma y a superar los conflictos del corazón, para que pueda perdonar y ser perdonado, y así abrir la puerta a la reconciliación. Que tu luz ilumine mi camino y me guíe hacia la puerta de la paz, para que pueda encontrar la serenidad y la felicidad en mi corazón. Oh, Santa Muerte de la paz, te pido que me bendigas con tu gracia y me guíes hacia la puerta de la paz, para que pueda vivir en armonía con los demás y conmigo mismo. Que así sea. Amén.

Limpia de la Casa Nueva

Elena siempre había soñado con tener una casa propia para su familia, y después de años de trabajo y esfuerzo, finalmente lo logró. Sin embargo, cuando se mudaron a la casa, notaron que había algo extraño en ella, una mala vibra que no podían explicar. Había algo incómodo y pesado en el ambiente que les hacía sentir incómodos.

Elena decidió que tenía que hacer algo al respecto, y recordó que su abuela siempre había hablado de la importancia de los altares y las limpias para mantener la armonía en el hogar. Así que, armada con su fe y su determinación, comenzó a hacer una limpia en la casa.

Usó flores de lavanda y otros elementos que había aprendido de su abuela, y después de varias horas de trabajo, finalmente sintió que la energía de la casa había cambiado. Pero sabía que eso no sería suficiente, así que decidió crear un altar a la Santa Muerte, para que la divinidad pudiera proteger su hogar y su familia.

Elena compró una pequeña figura de la Santa Muerte y la colocó en un rincón de la sala. Cada día, encendía una vela y recitaba una oración, pidiéndole a la Santa Muerte que cuidara de su hogar y de su familia. También hizo ofrendas de plantas y flores, como su abuela le había enseñado.

Poco a poco, comenzaron a notar un cambio en el ambiente de la casa. La tensión y la incomodidad desaparecieron, y fueron reemplazados por una sensación de paz y armonía. Elena y su familia finalmente podían disfrutar de su hogar, y se sentían agradecidos por la ayuda de la Santa Muerte en su camino hacia la paz y la felicidad en su hogar.

Magnética y mágica, ¡Oh Esta página cargo de poder!

Símbolos y Oraciones Para Limpias

Aquí encontrarás todos los elementos (y sus respectivas oraciones) cuya energía representa Limpieza y Sobriedad que te ayudarán a echar fuera energías o personas negativas y a deshacerte de pensamientos que te pesan y que te impiden avanzar, así como de adicciones, apegos o emociones que te causan cansancio y falta de progreso.

Símbolos y Oraciones para Limpias #1

 **Agua:** el agua se utiliza como un símbolo de limpieza y purificación en muchas culturas. Representa la idea de la renovación y la frescura.

Limpia del Cuerpo: Oh, Santa Muerte, protectora divina, que me has concedido la gracia de tu presencia, te ruego que limpies y purifiques mi cuerpo, como el agua que fluye y renueva la vida. Que esta agua sea una fuente de pureza, que elimine todo lo que no es sagrado, y me permita ser una persona renovada, con un espíritu libre de toda impureza. Que esta limpieza sea un acto sagrado, que me permita sanar mi cuerpo y alma, y me permita avanzar en el camino de la vida, con una nueva energía y vitalidad. Oh, Santa Muerte, te pido que me acompañes, en mi camino de purificación y sanación, y que me protejas de todo mal y negatividad, mientras avanzo hacia la luz y la verdad. Amén.

 **Nube blanca:** la nube blanca se utiliza como un símbolo de sobriedad y pureza en muchas culturas. Representa la idea de la claridad y la transparencia.

Limpia de la Mente: Oh Santa Muerte, escucha mi petición Te pido limpieza y purificación de mi mente Que las nubes oscuras se alejen Y en su lugar, una nube blanca y pura traiga claridad y transparencia a mis pensamientos Que el viento limpie todo lo negativo Que la luz ilumine mi camino Que la paz y la tranquilidad invadan mi mente y mi corazón Oh Santa Muerte, te pido que me guíes Por el camino de la pureza y la claridad Que mi mente sea un reflejo De tu brillo y tu amor Te ofrezco mi devoción y mi fe Confío en tu poder y tu bondad Gracias por escuchar mi petición Que así sea, que así sea, que así sea.

Símbolos y Oraciones para Limpias #2

 **Flor de loto:** la flor de loto se utiliza como un símbolo de pureza y perfección en muchas culturas. Representa la idea de la limpieza y la renovación.

Limpia de la Casa: Santa Muerte, hoy te imploro que vengas a mi hogar y lo llenes de tu luz y amor. Te pido que me ayudes a purificar cada rincón, cada habitación, cada objeto que aquí habita. Que la flor de loto, símbolo de pureza y perfección, ilumine cada espacio de mi hogar y limpie cualquier energía negativa que haya en él. Que su belleza nos recuerde la importancia de la limpieza y la renovación. Te pido que alejes de este hogar toda mala energía y cualquier presencia negativa que pueda afectar a mi familia. Que tu luz y protección nos cubra a todos nosotros. Que la paz y la armonía sean nuestra compañía en este hogar y que siempre nos sintamos seguros y protegidos. Gracias, Santa Muerte, por tu constante amor y protección. Amen.

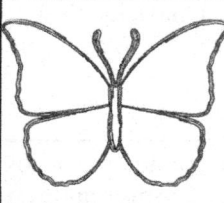 **Mariposa blanca:** la mariposa blanca se utiliza como un símbolo de pureza y limpieza en muchas culturas. Representa la idea de la transformación y la renovación.

Limpia de la Familia: Oh, Santa Muerte, te imploro que limpies y purifiques mi familia, que la transformes como una mariposa blanca, liberándola de todo mal y negatividad. Que tu luz ilumine sus caminos, y tu amor y protección los cubra siempre. Que el hogar sea un lugar de paz y armonía, y que cada miembro de la familia encuentre la tranquilidad en su corazón. Te pido que alejes todas las energías negativas, que desvanezcas los temores y las preocupaciones, y que nos bendigas con tu sabiduría y tu guía divina. Oh, Santa Muerte, te agradezco por tu poderosa presencia y tus bendiciones, que nos permiten vivir en un ambiente de amor y limpieza. Que así sea, amén.

Símbolos y Oraciones para Limpias #3

Escoba: la escoba se utiliza como un símbolo de limpieza y orden en muchas culturas. Representa la idea de la purificación y la organización.

Limpia del Negocio: Oh Santa Muerte, que todo lo purificas y limpias, te pido que me ayudes a limpiar mi negocio. Que la escoba que simboliza la limpieza y el orden, barra todo lo que está sucio y desordenado. Que todo lo impuro y negativo sea eliminado, para que la energía fluya libremente y la prosperidad llegue. Que tu mano guíe mi limpieza, para que mi negocio sea un lugar lleno de armonía y prosperidad. Que mi negocio sea un lugar de trabajo productivo y feliz, donde los clientes se sientan bienvenidos y satisfechos. Te pido que bendigas mi negocio y lo protejas para que siempre sea un lugar de éxito y prosperidad. Gracias, Santa Muerte, por tu ayuda y protección. Que así sea.

Diente de león: el diente de león se utiliza como un símbolo de limpieza y purificación en muchas culturas. Representa la idea de la eliminación de lo negativo y la renovación.

Limpia en el Trabajo: En el nombre de la Santa Muerte, protectora de los necesitados, Te pido que me ayudes a purificar mi empleo, Que me brindes la fuerza y el valor para eliminar todo lo negativo, Y renovar mi entorno laboral con positivismo y armonía. Te ruego que elimines todo obstáculo que me impida crecer, Que me brindes la claridad mental y la sabiduría para tomar buenas decisiones, Que me otorgues la valentía para enfrentar los desafíos, Y la perseverancia para seguir adelante. Santa Muerte, guíame en este camino de limpieza y purificación, Ayúdame a transformar mi empleo en un lugar de armonía y éxito, Que la energía positiva me acompañe siempre, Y que la prosperidad y la abundancia lleguen a mí y a todos los que me rodean. Gracias por tu protección y bendición, Amén.

Símbolos y Oraciones para Limpias #4

Mano lavada: la mano lavada se utiliza como un símbolo de limpieza y pureza en muchas culturas. Representa la idea de la higiene y la sanidad.

Limpia de Negocio Nuevo: Oh, Santa Muerte, protectora de nuestras vidas, te imploro que me ayudes en mi empresa recién iniciada. Que tu mano poderosa guíe cada acción que emprenda y que mi negocio sea próspero y libre de todo mal. Que la limpieza y la pureza siempre reinen en mi establecimiento, que la mano lavada sea símbolo de nuestra higiene y sanidad, y que la confianza de mis clientes crezca cada día más. Te pido, Santa Muerte, que bendigas este negocio con tu poder divino, y que la prosperidad y la abundancia sean una constante en mi vida. Que así sea.

Lavanda: la lavanda se utiliza como un símbolo de limpieza y relajación en muchas culturas. Representa la idea de la frescura y la tranquilidad.

Limpia de la Casa Nueva: Oh Santa Muerte, protectora de los hogares y los corazones, escucha mi rezo de limpieza y purificación para mi nuevo hogar. Que la esencia de la lavanda se extienda por cada rincón, eliminando toda energía negativa y trayendo paz y serenidad. Que este espacio sea un refugio de amor y armonía, donde la luz de la vida ilumine cada habitación. Que todo aquello que no sea útil o necesario, sea purificado y dejado atrás. Te pido que bendigas este hogar con tu presencia divina, que sea un lugar de descanso y de crecimiento, donde la alegría y la felicidad siempre estén presentes, y la paz sea el lema de cada día. Santa Muerte, te agradezco por escuchar mi rezo, y por guiar mi hogar hacia la purificación y la luz. Que así sea.

Símbolos y Oraciones para Limpias #5

Águila calva: el águila calva se utiliza como un símbolo de sobriedad y limpieza en muchas culturas. Representa la idea de la claridad y la transparencia.

Limpia del Automóvil y Otras Posesiones: Oh Santa Muerte, te ruego que limpies y purifiques mi auto y todas mis posesiones. Que el poder del águila calva me acompañe en este proceso de limpieza, y me conceda claridad y transparencia en mis pensamientos y acciones. Que todas las energías negativas se alejen de mi y mi vehículo sea protegido con tu manto sagrado. Que el camino que tome en mi auto sea guiado por la luz divina y la protección de la Santa Muerte. Líbrame de todo mal y peligro, y ayúdame a mantener mi coche y pertenencias en perfecto estado. Te lo ruego, Santa Muerte, por tu gran bondad y amor. Amén.

Río: el río se utiliza como un símbolo de limpieza y purificación en muchas culturas. Representa la idea de la renovación y la purificación.

Limpieza del Alma: Oh Santa Muerte, en este momento me dirijo a ti Para pedirte que me limpies y purifiques mi alma Así como las aguas del río renuevan y purifican Que tu poder me ayude a limpiar todo lo negativo Que tus manos poderosas me lleven hacia la luz Y me ayuden a liberarme de la oscuridad que me rodea Que me concedas la fuerza necesaria para superar los obstáculos Y purificar mi alma para que esté llena de amor y paz. Que la corriente del río lleve mis miedos y preocupaciones Y que se lleve todo lo que me causa dolor y sufrimiento Que tu poder me llene de sabiduría y claridad Y que mi alma sea renovada y purificada. Oh Santa Muerte, te pido que me ayudes en este momento A liberarme de todo lo que me impide avanzar Que me guíes hacia la luz y me ayudes a mantener mi alma limpia Y llena de amor, paz y armonía en todo momento y lugar.

Magnética y mágica, ¡Oh Esta página cargo de poder!

Símbolos y Oraciones para Limpias #6

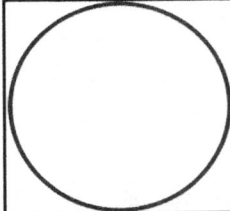

Círculo blanco: el círculo blanco se utiliza como un símbolo de sobriedad y pureza en muchas culturas. Representa la idea de la limpieza y la claridad.

Limpia del Espíritu: Amada Santa Muerte, te ruego que limpies y purifiques mi espíritu con el poderoso símbolo del círculo blanco. Que este círculo de sobriedad y pureza me ayude a eliminar todo lo negativo que pueda estar afectando mi ser interior. Que me otorgue la claridad y la paz para enfrentar cada día con fuerza y determinación. Que este círculo sagrado me proteja y me guíe hacia la luz divina. Amén.

Ventana abierta: la ventana abierta se utiliza como un símbolo de aire fresco y limpieza en muchas culturas. Representa la idea de la renovación y la frescura.

Limpia de mi Persona: Santa Muerte, protectora y guardiana, te ruego que me ayudes en esta tarea, de limpiar y purificar mi persona, y de mi vida, cualquier energía dañina. Que el viento de la ventana abierta, lave mi ser con su aire fresco y puro, eliminando toda impureza y malestar, y renovando mi espíritu con su poder. Que tu luz brille sobre mí, iluminando cualquier oscuridad, y que tu amor me proteja siempre, en mi camino hacia la pureza y la claridad. Santa Muerte, te pido que me guíes, en esta tarea de limpieza y purificación, y que me acompañes siempre, en mi búsqueda de la paz y la armonía. Que así sea. Amen.

Altar de Victoria en el Empleo

Había una vez una persona llamada Carlos que trabajaba en una empresa y anhelaba ascender a un puesto más alto en su área. A pesar de sus esfuerzos, no podía dedicar suficiente tiempo para estudiar y prepararse adecuadamente para pasar las pruebas que eran necesarias para el ascenso.

Carlos, conocedor de la devoción de algunos de sus compañeros de trabajo a la Santa Muerte, decidió pedirle ayuda y poner su fe en ella. Al regresar a casa después de su jornada laboral, comenzó a orarle a la Santa Muerte pidiéndole ayuda y orientación para lograr su objetivo. Además, puso un pequeño altar en su hogar y cada noche le encendía una vela anaranjada.

Con el tiempo, Carlos notó que su mente estaba más clara y podía concentrarse mejor en sus estudios. Incluso encontraba tiempo adicional para leer y estudiar más. A medida que se acercaba la fecha de las pruebas, sentía una gran confianza en sí mismo y en su preparación, y se presentó a ellas con una actitud positiva.

Finalmente, Carlos pasó las pruebas con éxito y recibió la noticia de su ascenso al nuevo puesto en la empresa. Se sintió muy agradecido a la Santa Muerte por su ayuda y orientación. Carlos continuó orando y manteniendo su altar para seguir recibiendo la protección y la guía de la Santa Muerte en su vida.

Magnética y mágica, ¡Oh Esta página cargo de poder!

Símbolos y Oraciones de Victoria

Aquí encontrarás todos los elementos cuya energía representa Victoria: en forma de éxito, logro de metas, y también frente a un rival o en un caso de corte, así como sus respectivas oraciones.

Símbolos y Oraciones de Victoria #1

 **Corona de laurel:** la corona de laurel se utiliza como un símbolo de victoria y éxito desde la antigua Grecia. Se le otorgaba a los atletas ganadores y se utiliza en la actualidad como un símbolo de éxito y logros.

Oración de Victoria frente a un Rival: Gran Santa Muerte, protectora de los guerreros valientes, Te ruego que me otorgues tu ayuda y bendición. Que yo pueda triunfar frente a esos que me desean un mal. Que sus inenciones malignas se disuelvan y no me alcancen. Que yo esté protegido frente a ellos. Que la corona de laurel, símbolo de la victoria, Sea mi escudo y protección frente a mi enemigo o rival. Con tu poder y guía, alcanzaré el éxito y la gloria, Y la corona de laurel será mi recompensa por mi esfuerzo y dedicación. Gracias por escuchar mi ruego, Santa Muerte, Que así sea.

 **Trofeo:** el trofeo se utiliza como un símbolo de victoria y logros en el deporte y otras competencias. Representa la idea de ganar y ser el mejor.

Oración de Victoria frente a un Reto Difícil: Oh Santa Muerte, protectora y guía, en este momento te pido que me asistas, frente a esta causa difícil y desafiante, donde la victoria parece lejana y distante. Que tu fuerza me dé coraje y valor, y que tu protección me cubra con amor, que tu presencia me llene de energía, y que tus bendiciones me guíen en mi travesía. Que esta situación difícil no me derrote, y que tu luz brille como un trofeo en mi mente, guiándome hacia la victoria y el éxito, mostrando que nada es imposible si te tengo como apoyo y pretexto. Que el laurel de la victoria sea mi recompensa, porque con tu ayuda y tu bendición, logré superar cualquier obstáculo y adversidad, y con tu fuerza y mi esfuerzo, alcanzé la tan anhelada felicidad. Así sea.

Magnética y mágica, ¡Oh Esta página cargo de poder!

Símbolos y Oraciones de Victoria #2

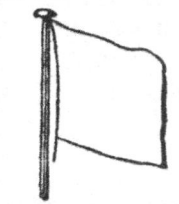

Bandera: la bandera se utiliza como un símbolo de victoria y patriotismo. En muchas culturas, se utiliza para representar la victoria en la guerra y la lucha por la libertad.

Oración de Victoria en Caso de Corte: Gran Santa Muerte, te ruego tu intercesión en mi caso de corte. Que la bandera de la victoria ondee sobre mí y que la justicia sea hecha en mi favor. Te pido tu bendición y protección en este momento difícil y te suplico que me concedas la fuerza y la perseverancia para seguir adelante y alcanzar la victoria. Oh poderosa Santa Muerte, ayúdame a superar todos los obstáculos y a triunfar en mi lucha por la justicia. Amén.

Águila: el águila se utiliza como un símbolo de victoria y poder en muchas culturas. Representa la fuerza y la determinación.

Oración de Victoria en Asuntos Legales: Oh, Santa Muerte, gran protectora de los justos, te ruego que me otorgues tu ayuda divina en mi lucha legal. Que tu fuerza y poder sean mi guía en el camino hacia la victoria, y que mi determinación no flaqueé ante los obstáculos que se presenten. Que como el águila, pueda elevarme por encima de las adversidades, y lograr la victoria merecida en este asunto legal. Te ofrezco mi devoción y gratitud por tus bendiciones y protección, y te prometo honrarte siempre como mi fiel protectora y guía. Amén.

Símbolos y Oraciones de Victoria #3

Ramo de flores: el ramo de flores se utiliza como un símbolo de victoria y celebración en muchas culturas. Representa la alegría y la felicidad.

Oración de Victoria frente a una Adicción: Oh Santa Muerte, protectora de los necesitados, te ruego que me brindes tu poderosa ayuda para vencer la adicción que me aflige. Que tu presencia me guíe y me fortalezca para resistir las tentaciones y las trampas del vicio. Que el símbolo del ramo de flores me recuerde que después de la lucha, la victoria trae la alegría. Te imploro, oh Santa Muerte, que me concedas la gracia de superar esta prueba, para que pueda seguir adelante con mi vida en libertad, salud y felicidad. Que así sea.

Fénix: el fénix se utiliza como un símbolo de renacimiento y victoria. Representa la capacidad de superar los desafíos y resurgir más fuerte.

Oración de Victoria frente a una Enfermedad: Oh Santa Muerte, que has sido testigo de mi lucha frente a esta enfermedad que me aqueja. Te pido que me concedas la victoria y la fortaleza para superar este desafío. Que tu poder me envuelva y me dé la fuerza para luchar contra esta dolencia. Que el símbolo del fénix me inspire a renacer de mis cenizas y ser más fuerte que nunca. Te pido que me guíes en este camino y que me des la fuerza para seguir adelante. Que tus bendiciones me acompañen siempre hasta que alcance la victoria final. Gracias, Santa Muerte, por ser mi guía y mi protectora en todo momento y circunstancia. Que así sea.

Magnética y mágica, ¡Oh Esta página cargo de poder!

Símbolos y Oraciones de Victoria #4

Medalla: la medalla se utiliza como un símbolo de victoria y logros en los deportes y otras competencias. Representa el reconocimiento por el esfuerzo y el trabajo duro.

Oración de Victoria en mi Negocio: Oh, Santa Muerte, te ruego que me bendigas con tu gracia Y me ayudes a encontrar la victoria en mi negocio cada día. Que la medalla de la victoria brille sobre mí, Y me recuerde que con fe y perseverancia, Puedo superar cualquier obstáculo en mi camino. Que tu sabiduría y guía me acompañen siempre, Para que pueda tomar las mejores decisiones y alcanzar el éxito. Que la prosperidad llegue a mi negocio y a mi vida, Y que siempre tenga motivos para celebrar y agradecer. Gracias, Santa Muerte, por tu amor y tu protección, Y por ayudarme a alcanzar la victoria en mi negocio.

León: el león se utiliza como un símbolo de victoria y poder en muchas culturas. Representa la fuerza y la determinación.

Oración de Victoria sobre la Negatividad: Gran Santa Muerte, protectora de la vida, te pido que me des la fuerza y la valentía para vencer la negatividad que me rodea. Que tu espíritu de victoria me guíe y que tu coraje me acompañe mientras enfrento las adversidades de la vida. Te pido que me ayudes a canalizar mi energía y a superar cualquier obstáculo que se interponga en mi camino. Que el espíritu del león esté en mí, para que pueda enfrentar cualquier desafío con determinación y coraje. Oh Santa Muerte, te ruego que me des la victoria sobre toda la negatividad y las malas energías que puedan estar afectando mi vida. Que tu corona de laurel me cubra y que tu espíritu de victoria me guíe hacia el éxito. Te doy gracias por todo lo que me das y por tu protección constante en mi camino. Que así sea. Amén.

Símbolos y Oraciones de Victoria #5

 **Grecas:** las grecas son patrones decorativos utilizados en la antigua Grecia. Se utilizan como un símbolo de victoria y triunfo.

Oración de Victoria sobre la Mala Suerte: Amada Santa Muerte, en este momento te ruego por tu poderosa ayuda. He enfrentado una racha de mala suerte que ha hecho que mi camino sea difícil de transitar. Te pido que me ayudes a superar esta mala racha, a encontrar la fuerza y la energía para seguir adelante y vencer cualquier obstáculo que se presente ante mí. Que las grecas, símbolo de victoria y triunfo, sean mi protección y guía en este camino hacia la victoria. Con tu ayuda, Yo venceré y encontraré la felicidad y el éxito que busco. Amén.

 **Tótem de la tribu:** en muchas culturas nativas americanas, el tótem de la tribu se utiliza como un símbolo de victoria y protección. Representa la conexión con los ancestros y la tradición.

Oración de Victoria sobre las Malas Emociones: Oh, Santa Muerte, protectora de las almas, te imploro que me ayudes a encontrar la victoria sobre las emociones que me atormentan. Que tu poder me guíe hacia la claridad mental y la paz emocional que tanto necesito. Te pido que me cubras con tu manto de protección, y que me des la fuerza para superar los obstáculos que se presenten en mi camino. Que el tótem de mi tribu me guíe y me proteja, y que me ayude a encontrar el equilibrio emocional que necesito para triunfar. Oh, Santa Muerte, escucha mis súplicas y ayúdame a encontrar la victoria sobre las emociones que me atormentan. Yo venceré con tu ayuda y con tu guía divina. Amén.

Magnética y mágica, ¡Oh Esta página cargo de poder!

Símbolos y Oraciones de Victoria #6

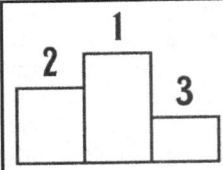

Muro de los campeones: en muchos estadios deportivos, el muro de los campeones se utiliza para honrar a los atletas que han logrado la victoria. Representa la historia y la tradición de los logros deportivos.

Oración de Victoria en el Trabajo: Gran Santa Muerte, protectora de la vida, te pido que me des la fuerza y la valentía para vencer la negatividad que me rodea. Que tu espíritu de victoria me guíe y que tu coraje me acompañe mientras enfrento las adversidades de la vida. Te pido que me ayudes a canalizar mi energía y a superar cualquier obstáculo que se interponga en mi camino. Que el espíritu del león esté en mí, para que pueda enfrentar cualquier desafío con determinación y coraje. Oh Santa Muerte, te ruego que me des la victoria sobre toda la negatividad y las malas energías que puedan estar afectando mi vida. Que tu corona de laurel me cubra y que tu espíritu de victoria me guíe hacia el éxito. Te doy gracias por todo lo que me das y por tu protección constante en mi camino. Que así sea. Amén.

Espada: la espada se utiliza como un símbolo de victoria y poder en muchas culturas. Representa la habilidad para luchar y vencer.

Oración de Victoria en todo Momento: Oh Santa Muerte, te pido que me concedas la fuerza y el coraje para luchar por lo que deseo, para enfrentar a mis enemigos y superar los obstáculos en mi camino. Que tu presencia me guíe hacia la victoria y me conceda la habilidad de vencer todo lo que se interponga en mi camino. Con la imagen de la espada en mi mente, declaro con fuerza y convicción: ¡Yo venceré! Gracias, Santa Muerte, por ser mi protectora y guía en mi búsqueda de la victoria. Amén.

Ya para concluir

Que este libro de Altares, Talismanes, Ofrendas, Rituales y Oraciones a la Santa Muerte haya sido una fuente de inspiración y guía en tu camino espiritual. Que cada palabra escrita te haya llevado a un lugar de mayor conexión con la Santa Muerte y te haya brindado la protección y ayuda que necesitabas. Que estas páginas sigan siendo un refugio para ti en momentos de dificultad y un recordatorio constante de la presencia amorosa de la Santa Muerte en tu vida. Que sigas honrando su sagrado legado y encontrando en ella la fuerza y la guía que necesitas en cada paso del camino. Que la protección y la bendición de la Santa Muerte te acompañen siempre. Hasta pronto.

© 1a Edición Calli Casa Editorial 2023
Yhacar Trust, 2023
Por VICTORIA REY
Supervisión general: Bernabé Pérez.
www.2GoodLuck.com
Calli Casa Editorial
Lake Elsinore, CA 92530

Magnética y mágica, ¡Oh Esta página cargo de poder!

Made in the USA
Columbia, SC
16 July 2024

38466296R00059